오늘의 기본

Lifemind classic book

<오늘의 기본>은 2023년 1월부터 12월까지 매주 1회
연재한 글을 77편으로 엮은 Neap의 라이프마인드 소록집입니다.
매 해마다 한 해동안 발행된 '기본'을 엮어 발행되는 시리즈로,
본 도서 <오늘의 기본>은 그 첫 번째 책입니다.

Index

1   食

식사의 기본   Enjoy meals

no.

차 한 잔, 일상으로 돌아 옵니다.	7
식사를 할 땐 바르게 앉습니다.	8
좋은 음식은 좋은 자세를 만듭니다.	36
좋은 음식에는 순서가 있습니다.	37
매일 똑같은 아침을 먹습니다.	43
먹기 전에 영양성분표를 살핍니다.	47
나만의 필살 식탁이 있나요?	60
가을을 품은 간식을 먹습니다.	70
식탁에 색깔을 더해 보세요.	71

2

服

옷차림의 기본

Wear clothes

no.

옷의 보풀을 제거합니다.	19
옷을 살 때도 첫인사가 있습니다.	24
옷차림도 업무의 일부입니다.	25
옷을 직접 커스텀 해 봅니다.	27
신발이 품격을 보여줍니다.	31
겨울엔 목도리를 두릅니다.	34
여름엔 작은 천가방을 멥니다.	54
흰 티는 신중하게 고릅니다.	57
질 좋은 구두를 신는다는 것.	66
직접 고른 잠옷을 입습니다.	67

3　　　　　　　　　　　　　　　　　　物

물
건
의
　
기
본

                                                      no.

조금 더 기분 좋은 것을 고릅니다.	2
물건을 쓴다는 건 마음을 기억하는 것.	3
준비물은 손과 마음입니다.	4
사람이 왔다 가듯 물건도 왔다 갑니다.	5
플라스틱을 오래 씁니다.	6
물건을 비우는 마법의 질문.	18
좋은 물건은 손이 먼저 동합니다.	23
살림 도구를 깨끗이 닦습니다.	26
나보다 오래된 물건들.	35
사물마다 걸맞는 집이 있습니다.	49

With things

no.

부드러운 수건을 사용합니다.	51
여름에는 흰 이불을 덮습니다.	52
충실함은 자리를 만드는 것.	53
책상은 늘 단정하게.	55
베개와 신발을 바꿔 보세요.	56
가장 싼 것에서 벗어납니다.	62
핸드워시를 바꿔 보세요.	63
내가 사랑한 흰 물건들.	68
물건의 태態를 존중합니다.	74

4   樂

즐거움의 기본

                                                             no.

쾌적하다는 것은 부드럽다는 것.   1
땅에 가까운 생활.   9
외국어로 쓰인 시집을 읽습니다.   10
가방 속에 펜과 엽서를 넣어 둡니다.   14
나다움을 만드는 두 가지 선택.   15
나만의 아지트는 어디인가요?   17
자연스러운 어둠을 음미합니다.   22
집에 맞는 월동준비를 합니다.   28
입춘을 맞이하는 마음.   30
하루에 딱 좋은 활력.   33

Joyful life

no.

가방에 책 한 권씩 들고 다닙니다. 40
불을 끄고 목욕을 해 보세요. 41
자기 전에 뿌리는 향의 비밀. 42
올해는 병원에 꼭 갑니다. 46
일어나자마자 창문을 엽니다. 48
어떤 일을 뭉근하게 해 봅니다. 61
저녁에 산책을 합니다. 64
가을에는 재즈를 들어 보세요. 65
호젓함을 호스트합니다. 75
아침 7시, 음악을 듣습니다. 76

5 　　　　　　　　　　　　　　　　心

마음가짐의 기본

               no.

안부, 그 전에 안전입니다.   11

흉을 뽑아도 마음 먹기 나름입니다.   12

처음 뵙겠습니다. 잘 부탁드립니다.   13

죄송하다고 말하지 않습니다.   16

즐겁게 노는 것만을 생각합니다.   20

내 손으로 직접 해 봅니다.   21

민낯으로 세상과 승부합니다.   29

우선 눈썹부터 정리합니다.   32

시를 쓰는 마음으로 산다는 것.   38

메일을 쓰기 전, 날씨를 봅니다.   39

Sincere mind

no.

신발을 가지런히 놓습니다.	44
늘 다음 사람을 염두에 둡니다.	45
미소 짓는 얼굴은 디폴트값.	50
성실하고 즐겁게 일합니다.	58
칭찬에 기분 좋게 대답하는 **법**.	59
끝이 기분 좋은 선택.	69
나는 타인의 풍경입니다.	72
이모티콘을 쓰지 않는 연습.	73
진도보다는 진전입니다.	77

0   들어가며

오선을
그리는
마음으로.

생활을 기본을 이야기하자.
지난 1월의 결심이었습니다.

당시 도쿄에서 긴 여행을 마치고 돌아온 제가 깨달은 한 가지는 '데려간' 생활의 애틋함이었습니다. 낯선 땅에서 저를 기분 좋고 안전하게 지켜 준 것은 오다이바에서 야키소바를 먹으며 바라보았던 야경도, 자전거가 유유히 지나가는 한적한 주택가도 아니었습니다. 원래의 생활이었습니다.

맛집의 줄을 기다리며 책을 읽는 오래된 습관, 동네 카페를 찾아다니는 오후, 캔맥주를 사들고 집으로 가는 길, 따뜻한 물로 샤워하고 잠옷으로 갈아 입고서 보내는 안락한 저녁. 선뜻 외로움이 들 때마다 그런 순간들을 생각하면 '아' 하는 고요한 기쁨과 함께 안도감이 살포시 부풀었습니다.

기본基本이란 무엇일까요? 나를 나답게 지켜주는, 어느 상황에서도 든든하게 벗삼을 수 있는 견실한 토대입니다. 도쿄에서의 생활을 지켜 준 것은 원래의 일상에서부터 성실하게 지속해 왔던, 그렇기에 가장 편안하고 기분 좋은 기본의 질서들이었습니다.

사회의 취향과 일상 속 이벤트에 휩쓸리지 않고, 나의 실제 생활 속에서 매일매일 새롭게 발견되는 나다움을 찾아 가꾸는 것. 점점 더 'life'가 아닌 'Style'만을 뒤쫓는 시대에 필요한 태도가 아닐까요? 생활에 대한 화두를 바로잡아 나다운 기본을 만들어 가려는 마음 즉, '라이프스타일lifestyle' 이전의 '라이프마인드lifemind'가 필요한 것입니다.

악보에는 오선이 있습니다. 비유하자면 기본이란 내 안에 오선을 그리는 일입니다. 음표나 기호는 가지런한 오선 위에 놓여 비로소 조화로운 리듬을 만듭니다. 이처럼 내 안에도 기준이 되는 오선을 착실하게 그려두면, 일상의 모든 것이 그 위에서 자연스럽고 단정한 리듬을 만들어냅니다. 그렇게 나날이 연주되는 단 하나뿐인 소곡집, 그것이 바로 '생활'입니다.

또 편지지는 어떤가요? 반듯한 선 덕분에 글씨가 오르락내리락하는 일 없이 똑바로 쓸 수 있습니다. 어떤 이야기를 쓰더라도 가지런히 기록될 수 있도록 기준선을 잘 그려 두는 일, 나다운 기본을 가꾸는 일이란 그런 것입니다. 그렇게 써내려 간 삶은 타인의 기준에 휩쓸려 뒤죽박죽되는 일 없이, 나의 생활을 애틋이 여기는 마음으로 한없이 이어 쓸 수 있는 러브레터가 됩니다.

따뜻한 우유 한 잔과 포근한 빵 한 조각을 옆에 두고서 어떤 그릇에 밥을 담을지, 어떤 양말이 좋은지, 어떤 인삿말을 고를지 고민하며 나에게 꼭 맞는 '기분 좋음'을 찾아 봅니다. 그 여정을 기본이라는 문진으로 지그시 눌러 일상의 중심을 잡습니다. 그러한 즐겁고 단순한 일상을 차곡차곡 쌓아 가볍고 산뜻한 마음으로 나아가면 되는 것입니다.

시시각각 변하는 '스타일'이 아닌, 변하지 않는 나다운 방식과 이유를 고민해 나만의 클래식을 찾아가는 사람을 '라이프마인더lifeminder'라고 부르고 싶습니다.

이 책은 2023년 1월부터 매주 한 편씩 빠짐없이 발행한 글을 순서대로 엮은 소록집小錄集입니다. 한 사람의 생활이자 작은 성실이 녹아든 <오늘의 기본>은 생활을 사랑스럽게 여기는 모든 라이프마인더 곁에 머무는 다정다감한 수첩이 되겠습니다.

나만의 기본이라는 작은 성실을,
마음 보따리 안에 품고 살아가세요.

2023. 12. 31.
<오늘의 기본> 1권을 엮으며.

Lifemind classic book
vol 1.

1 걸리적거리지 않는 부드러움

쾌적하다는 것은
부드럽다는 것.

기분 좋은 생활은 어떤 생활일까요? 취향에 둘러싸인 생활, 아늑하고 포근한 생활, 단정하고 깨끗한 생활 등 이런저런 말이 떠오르지만, 기분 좋은 생활이라고 하면 '쾌적하다'라는 수식어가 가장 먼저 떠오릅니다. 일상 속에서 쾌적하다는 것은 과연 무슨 의미일까요? 쾌적하다는 것은 기본적으로 '부드러운 것'입니다.

고양이를 쓰다듬거나 폭신한 식빵을 만질 때의 부드러움과는 조금 다른 의미의 부드러움입니다. '걸리적거리지 않음'의 부드러움이라고 할까요? 하나의 동작을 하더라도 걸리는 것 없이 부드럽고 편안하게 이루어지는 감각. 그것이 일상 속 쾌적함입니다. 저는 그런 쾌적한 생활을 위해 하지 않는 일이 몇 가지 있습니다. 그중 하나는 네일아트입니다.

처음 네일아트를 한 것은 베트남으로 여행을 갔을 때였습니다. 여행 첫날 완성된 손톱은 무척 예뻤지만, 얼마 되지 않아 이 작고 예쁜 손톱은 몹시 성가신 존재가 되었습니다. 혹시라도 벗겨질까 옷 입을 때 단추를 조심스럽게 잠그고, 샤워를 할 때는 큐빅이 떨어질까 조마조마했습니다.

평소라면 부드럽게 흘러 갔을 일상의 행동 하나하나에 브레이크가 걸렸습니다. 평소에는 존재감조차 잊고 사는 이 작은 손톱 때문에 이렇게나 일상에 제동이 걸리다니요. 그때 이후로 '일상의 동작을 부드럽게' 할 수 있는 습관에 대해 생각하기 시작했습니다.

'앗, 성가시네'하고 생각하는 게 또 하나 있습니다. 다름 아닌 반지입니다. 평소 액세서리를 자주 착용하지 않지만, 가끔 멋을 내고 싶을 때면 사소한 성가심을 감수해야 합니다. 손을 씻을 때마다 매번 반지를 빼야 하고, 그렇지 않으면 반지 안쪽에 물기가 남아 찝찝한 느낌이 남습니다. 핸드크림을 바를 때나 정교한 작업을 할 때 등 반지가 눈엣가시처럼 느껴지는 순간들은 더 있습니다. 반지 없는 일상은 얼마나 자연스럽고 부드러운지요. 이외에도 가구 위에 놓인 잡동사니 때문에 먼지를 단숨에 싹 닦아내지 못하고 물건을 옮겨야 하는 것도 불편함 중의 하나입니다.

불편함이라고 해도 충분히 감수할 만한 정도의 성가심이 대부분입니다. 하지만 쾌적한 생활로의 한 발짝은 이런 사소한 성가심을 살짝 덜어내는 데에서 오는 게 아닐까요?

두 번 거칠 동작이 한 번에 부드럽게 되는 것, 하나의 동작을 하더라도 걸리적거리는 것 없이 자연스럽게 되는 것에 쾌적함의 힌트가 숨어 있습니다.

한편 부드러운 쾌적함은 개인의 일상에만 존재할 수 있는 것은 아닙니다. 예를 들면 계단 옆에 만들어 둔 경사로, 발판이 갖춰진 저상버스 덕분에 거동이 불편한 사람도 휠체어를 탄 채로 부드럽게 오르내릴 수 있도록 하는 것. 사회적으로도 이런 부드러운 쾌적함을 늘 염두에 둔다면 불편을 감수해야 할 사회구성원이 줄고 모두가 좀 더 쾌적한 일상을 누릴 수 있겠지요.

현대인들의 일상을 편리하게 만든 위대한 발명이나 기술은 사소한 불편함을 의식하는 것에서 출발했다고 합니다. '조금 성가시네'하고 느끼는 것을 주의깊게 들여다보고, 동작을 한층 부드럽게 할 수 있는 새로운 생활 습관을 들여 봅시다. 어쩌면 그것은 '반지를 빼고 다녀야지'와 같이 무척 별것 아닌 습관일지도 모릅니다.

2 풍요로움의 디테일

조금 더
기분 좋은 것을
고릅니다.

안경을 쓴 지 15년만에 안경닦이를 처음 샀습니다. 그도 그럴 것이 근처 안경점에서 무료로 구할 수 있는 물건이니까요. 하지만 안경닦이를 가방에서 꺼내다 문득 이런 의문이 들었습니다. '왜 지갑이나 핸드크림은 마음에 드는 걸 사면서 안경닦이는 아무거나 쓸까?' 안경점 로고가 박혀있는 다소 촌스러운 디자인이 마음에 들지 않는데도 불구하고 '무료로 얻을 수 있는 물건'이라는 이유로 집에 나뒹구는 것을 들고 다녔습니다. 돈을 쓰면서까지 취향을 고집할 만한 물건이 아니라고 생각했던 것 같습니다.

그러나 생각해 보면 안경을 쓰는 사람에게 안경닦이는 지갑만큼이나 꼭 챙기고 다녀야 할 필수품입니다. 그러한 물건을 좀 더 좋은 것으로 샀다고 하여 사치라고 부를 수 있을까요? 그런 생각을 하던 차에 성수동의 한 편집숍에서 우연히 마음에 드는 안경닦이를 발견해 산 이후로 지금까지 잘 쓰고 있습니다. 고작 4천 원에 일용품이 살짝 풍요로워졌을 뿐인데 스스로를 대접한 기분이 듭니다. 사람들 앞에서 안경닦이를 꺼낼 때나 누군가에게 빌려줄 때도 부끄러워할 일이 없습니다.

풍요로움은 때때로 아주 작은 부분에서 옵니다. 풍요로움이라고 하면 넉넉한 이미지가 떠오르지만, 일상의 기분 좋은 변화는 대개 몹시 사소해 지나치기 쉬운 영역에서 드러나는 법입니다. 별것 아니라고 여기기 쉬운 소외된 부분에마저 나다운 기준이 녹아 있을 때, 그런 '생활의 주변부까지 마음을 닿게 하는 근육'에 풍요를 느낍니다.

예를 들어 핸드워시도 손을 씻을 때마다 사용하는 일용품입니다. '손을 씻을 수 있다면 뭐든 괜찮아'라는 생각으로 대충 구비해 두는 경우가 많습니다. 하지만 핸드워시는 내가 일과를 마친 후 집에 돌아왔을 때 가장 먼저 마중하는 물건이기도 합니다. 그 순간 좋아하는 향이 나를 반긴다면 더할 나위 없이 기분이 좋겠지요. 이왕이면 나를 더 기분 좋게 할 수 있는 것을 고른다. 이런 단순한 마음가짐이 물건을 사용하는 생활을 훨씬 더 풍요롭게 만듭니다.

평소 요리를 즐기거나 주방 살림을 좋아하는 사람이라면, 설거지용 수세미에 작은 풍요를 더할 수도 있습니다. 막 쓰다 교체하는 소모품이라고 생각하며 가장 저렴한 제품으로 쟁여둘 수도 있지만 이왕 해야 하는 설거지, 마음에 드는 수세미를 둔다면 부엌의 풍경도 산뜻해지고 설거지도 좀 더 즐겁게 느껴지지 않을까요?

일상의 디테일을 가꾸는 것만으로도 매일이 조금씩 풍요로워집니다. 집 안의 모든 물건들을 좋은 브랜드의 제품으로 갖춰야 한다는 것은 아닙니다. 오히려 그런 고집은 사치일지도 모릅니다. 중요한 것은 나의 기분에 영향을 미치는 요소를 섬세히 살펴 그것을 '이왕이면 좀 더 기분 좋은 것으로' 만들어 나가려는 태도입니다. 누구에게는 그것이 안경닦이일 수도 핸드워시일 수도 수세미일 수도 있겠지요. 꼭 물건이 아닐 수도 있고요. 나의 일상 속 풍요로운 디테일은 어디에 숨어 있을까요?

추신. 스텐보단 나무, 짙은 것보단 밝은 빛깔의 나무, 결이 드러난 것보다 매끈하게 다듬은 나무가 좋아. 이렇게 계속해서 깊고 세세한 곳까지 마음을 닿게 합시다.

3   집 안을 빙 둘러보세요.

물건을
쓴다는 건
마음을
기억하는 것.

10년지기 친구가 서울로 이사오면서 저의 냉장고 한 칸은 비워진 일이 없습니다. 저희 집에 놀러 올 때마다 반찬이나 과일을 손에 듬뿍 들고 오기 때문입니다. 저번 가을에는 뽁뽁이 주머니에 한가득 담은 홍시, 밀폐용기에 꽉 채워 담은 장조림, 볶음밥에 제격이라는 총각김치를 받았습니다. 늘 주변을 챙기는 모습에 '엄마'라는 별명을 가진 친구인데, 말 그대로 서울에 제2의 엄마를 둔 기분입니다.

급히 필요한 물건이 있으면 이 친구를 먼저 찾게 됩니다. 얼마 전 일본에 갈 때도 돼지코 충전기와 휴대용 저울을 빌렸습니다. 필요할 때면 일손을 부탁할 때도 있습니다. 대신 그 친구는 주기적으로 저희 집에 놀러 와 책을 몇 권 빌려갑니다. 서로에게 어떤 대가를 바라지 않고, 필요할 때마다 살림을 나눠 쓰고 좋은 것이 생기면 언제 가져다줄까 궁리합니다. 그런 사이가 있으니 마음이 든든합니다.

가만히 책상에 앉아 주위를 빙 둘러보면, 일상의 얼마나 많은 부분을 주변 사람들의 사랑으로 지속해가고 있는지 실감할 때가 있습니다. 눈에 보이는 물건의 출처를 쫓다 보면, 선물 받은 물건이 꽤 많아 새삼 놀라곤 합니다.

저는 생일이 겨울이라 핸드크림이 떨어져 본 일이 없습니다. 생일 선물인 만큼 나름 세련된 브랜드의 제품을 받는 데다가 향에 크게 호불호가 없어 어떤 제품이든 기분 좋게 바르고 있습니다. 아직도 선물로 받은 핸드크림이 잔뜩 남아 있어 앞으로 몇 해의 겨울은 거뜬합니다.

비록 지금은 깨져서 떠나보냈지만, 불과 얼마 전까지 사용했던 꽃모양 손거울 또한 친구에게서 받은 선물로 6년 넘게 사용했습니다. 화장할 때마다 바라보는 둥근 탁상 거울도 오랜 친구로부터 받았던 선물입니다.

비 오는 날이면 종종 켜는 캔들 워머도 사촌 언니가 준 것으로 책상 가까이 두고 쓴 지 4년이 넘었습니다. 음악을 듣고 싶을 땐 엄마가 사 준 JBL 블루투스 스피커를 켭니다. 집에서 글을 쓸 땐 이전 회사 팀장님께서 퇴사 선물로 주신 이솝의 룸 스프레이를 뿌립니다. 도서관에 가거나 장을 볼 땐 가은 언니가 크리스마스에 깜짝 선물로 사 준 에코백을 들고, 노트북으로 작업을 할 땐 신영 언니가 사 준 마우스를 쓰고, 입맛 없는 아침엔 외숙모가 만들어 주신 잼을 토스트에 발라 먹습니다. 이렇게 주변 사람에게 받은 물건을 일일이 열거하면 하루를 꼬박 샐 것만 같습니다.

주위를 둘러보면 생각보다 직접 채운 것만큼 주변 사람들이 채워준 것도 많다는 걸 깨닫습니다. 그 물건을 아무리 몇 년째 사용하고 있어도, 어김없이 매번 그 사람이 떠올라 애틋해집니다. 물건을 사용할 때마다 누군가의 사랑을 느끼는 것은 근사하고 특별한 일입니다.

문득 궁금해집니다. 그동안 저는 누군가의 일상 곁에서 조금이라도 도움이 되는 물건을 선물해 왔을까요. 물건을 통해 누군가의 마음을 이렇게나 오래 기억할 수 있는 거라면, 마음을 다해 소중한 이들의 하루하루를 지탱해 줄 수 있는 물건을 선물하고 싶습니다. 오늘은 엄마가 택배로 보내 준 된장찌개 밀키트를 해 먹어야겠군요.

추신. 이 글을 퇴고하는데 동료로부터 '이 원피스 잘 어울려요.'라는 메시지가 왔습니다. 가만 보니 이 원피스도 엄마 친구 분의 따님이 물려 주신 옷입니다.

4 집 안의 물건과 친해지기

준비물은
손과 마음입니다.

혼자 살다 보면 살림의 무서움을 깨닫습니다. 고작 한 사람 몫의 삶인데도 이렇게나 품이 드는구나 하고요. 그중에서도 금세 산더미처럼 불어나곤 하는 집안일은 설거지와 빨래입니다. 동시에 이런 생각도 듭니다. 버겁다고 생각하면 한없이 버거운 게 집안일이지만, 한없이 새로운 의미를 부여할 수 있는 것도 집안일이라고요. 언제부턴가 저는 설거지와 빨래를 일종의 사교 시간으로 삼고 있습니다. 집 안의 물건들과 친해지고자 슬쩍 감사 인사를 건네는 것입니다.

물건에 어떻게 감사 인사를 하느냐고요? 준비물은 손과 마음, 두 가지입니다. 설거지를 할 땐 상냥하게 합니다. 싱글벙글 웃으며 한다는 뜻이 아니라 물건에 상냥한 태도를 갖는다는 뜻입니다. 아무리 급하거나 귀찮아도 우당탕탕 소리를 내며 그릇을 닦지 않습니다. 아이의 얼굴을 어루만지는 것처럼 부드럽게 닦습니다. 그 그릇 덕분에 오늘 건강한 식사를 차려 먹을 수 있었으니까요. 존중을 담아 속으로 속삭입니다. '오늘도 한 끼를 대접해 줘서 고마워' 하고요.

한 달 전부터는 미니멀라이프를 시도해 보고자 그동안 사용했던 그릇 거치대를 없애고, 설거지를 끝낸 뒤에 바로 그릇의 물기를 닦아 정리하고 있습니다. 식생활을 든든히 받쳐 주는 부엌의 물건들에 애틋함을 느끼며 기쁜 마음으로 닦습니다. 이 독특한 사교 의식은 빨래를 갤 때도 마찬가지입니다. 마른 수건과 속옷을 부드러운 손길로 갭니다. 훅 풍기는 포근한 섬유유연제 향에 기분도 좋아집니다.

집안일을 할 때는 되도록 서두르지 않고 마음의 여유를 가지고 합니다. '얼른 해치워야 하는 살림'이 아닌 '일상을 지탱하는 집 안의 물건들과 친해지는 시간'으로 여기기 위해서입니다. 물론 집안일이 그리 많지 않은 1인 살림이기에 누릴 수 있는 여유일지도 모르지만, 그것과는 별개로 물건을 내 손으로 어루만지는 의식은 중요하다고 생각합니다.

설거지와 빨래는 자주 사용하는 집 안의 물건을 한눈에 보고 만질 수 있는 집안일입니다. 마음에 여유를 갖고 설거지와 빨래를 하다 보면, 별탈 없이 이어지는 평온한 생활에 어슴푸레 고마운 마음이 듭니다. 집안일을 하는 시간을 활용해 집 안의 물건을 다시 바라보고 생활에 대한 감사를 느껴 봅시다. 오랜 세월 함께 해 온 집 안의 물건들이 애틋하게 느껴집니다.

집에 돌아와 옷을 벗어 정리할 때도 깔끔한 차림으로 바깥을 돌아다닐 수 있게 해 줘서 고맙다는 마음을 담습니다. 하루동안 입은 옷을 제대로 바라보고, 천천히 감촉을 느끼고, 주름이 지지 않도록 경건히 개어 넣습니다. 그런 작은 의식 속에서 지금 입는 옷에 대한 애정도 깊어지고, 오래 아껴 입고 싶은 마음도 커집니다.

혼자 산다고 생각했는데, 주위를 둘러 보면 물건들이 있습니다. 길들인다는 것은 쓰다듬는 것입니다. 묵묵하고 친절한 집 안의 물건들을 손과 마음으로 쓰다듬어 봅시다. 지금도 나와의 사교 시간을 기다리고 있는 집안일이 있지는 않은가요?

5   아끼는 물건과의 연

사람이
왔다 가듯
물건도
왔다 갑니다.

어렸을 때부터 유난히 물건에 감정이 있다고 믿었습니다. 침대 맡에 두던 미피 인형부터 검은 머리끈 하나까지 행여 잃어버리기라도 하는 날엔 물건들이 외로울까 밤잠을 설쳤습니다. 그 버릇은 어른이 된 지금도 여전해 웬만하면 물건과 이별하지 않으려 노력합니다. 잃어버리는 물건이 없도록 매사에 주변을 꼼꼼히 챙기는 습관도 생겼습니다.

지난 가을, 당근마켓으로 식물을 하나 데려오는 길에 아끼던 천가방을 잃어버렸습니다. 서촌 편집숍에 입점된 작은 브랜드에서 산 가방으로 이제는 단종되어 구매할 수 없습니다. 무게며 크기며 패턴이며 모든 부분이 마음에 쏙 들었기에 사방팔방으로 찾으러 뛰어 다녔습니다. 오밤중에 버스 회사에 여러 차례 전화도 돌리고, 갔던 길을 되짚어 멀리까지 나가 보기도 하고, 경찰서에도 찾아가 난생 처음 분실물 신고까지 했습니다. 그야말로 할 수 있는 노력을 있는 대로 쏟았지만 가방은 끝내 나타나지 않았습니다.

속상한 마음은 달랠 길 없지만, 어린 시절과는 달리 요새는 이런 생각을 합니다. 물건에 미련을 두는 마음은 금방 내려놓자고 말입니다. 이 물건과의 연은 여기까지였던 것뿐이라고요. 행여 누군가 주워갔다면 즐겁게 잘 사용하길 바라는 마음으로 충분하다고 생각하게 되었습니다. 아끼던 물건과 이별하는 일은 슬프지만, 그 물건과 함께했던 시간까지 어딘가로 사라지는 것은 아니니까요. 그리고 집 안에 남아 있는 물건들을 한번 둘러보고, 이 물건들이 아직 있을 때 오래 아끼며 사용해야겠다고 다짐합니다. '떠나간 후에 후회하지 말고, 있을 때 잘해'라는 말은 비단 사람뿐 아니라 물건에도 해당되는 말 같습니다.

얼마 전, 도쿄의 '소우소우SOUSOU' 쇼룸에서 잃어버렸던 가방과 비슷한 재질과 크기의 가방을 하나 발견했습니다. 가볍고 아담한 사이즈라 집 앞 카페에 가거나 산책을 나갈 때 책 한 권 넣고 다니기 딱 좋은 가방입니다. 하나가 가면 하나가 오는 법일까요. 제 일상에 새로운 천가방 하나가 선물처럼 찾아왔습니다. 이 또한 새로운 연이겠지요. 이 가방과는 얼마나 함께 갈 수 있을지 아직 알 수 없지만, 어떤 물건이든 제가 다루기 나름에 달렸다고 생각하며 소중히 쓰고 싶습니다. 혹여 예상치 못한 상황으로 언젠가 떠나보낸다 해도 그 또한 거기까지의 연이겠지요.

물건에는 아끼는 마음만, 집착은 버릴 것. 사람이 왔다 가듯, 물건도 왔다 갈 뿐입니다. 이렇게 보면 사람과 물건은 꽤 닮은 점이 많은 것 같습니다.

추신. 한편으로는 종종 잃어버린 줄도 모르고 지나치는 물건도 있습니다. 그런 이별은 물건에게 실례겠지요. 모든 물건에 공평한 마음을 두고 살펴야겠습니다.

6 평생의 물건이 될 수 있습니다

플라스틱을
오래
씁니다.

혼자 사는 연차가 쌓일수록 인테리어에 관심이 커지면서, 그동안 써 오던 물건들이 다시 보입니다. 저렴한 가격에 샀지만 슬슬 더 좋은 제품으로 교체하고 싶다거나, 플라스틱이 아닌 나무로 된 집기들로 구비하고 싶다거나 하면서 말입니다. 플라스틱은 좋지 않다고 하니 환경에 이로운 제품으로 바꾼다는 명목으로 소비를 합리화하고 싶은 마음이 들기도 합니다. 저와 비슷한 고민을 해 본 적이 있나요? 꼭 환경 때문이 아니더라도 좋은 물건에 욕심이 나 하나둘씩 집 안의 물건들을 교체했던 경험이 있을 것입니다.

하지만 어느 날 디앤디파트먼트 매장을 방문하고서 생각이 바뀌었습니다. 최근 몇 년 간 디앤디파트먼트에서는 플라스틱의 경년 변화에 주목한 인식 재고 및 재생산 프로젝트를 실천해 오고 있습니다. '플라스틱도 평생의 물건이 될 수 있다'는 메시지를 전개하며, 플라스틱을 경시하며 쉽게 버리는 대신 오래 길들이며 사용하는 생활의 미학을 소개하는 운동입니다. 플라스틱도 다른 소재 못지 않게 세월에 따라 깃드는 흔적과 빛깔의 변화가 매력적이라는 것입니다. 민중의 생활 속에서 오랜 세월 도움이 되어 온 플라스틱 물건들을 소개하는 전시를 열기도 했습니다. 불과 얼마 전 도쿄 쿠라마에 쇼룸에서도 <롱라이프 플라스틱 프로젝트LONG LIFE PLASTIC PROJECT> 팝업이 이루어지고 있었습니다.

플라스틱 소재의 물건도 오래 길들일 수 있다는 신선한 개념을 듣고 나니 집 안의 물건들이 다시 보였습니다. 얼마 전까지 바꿀까 고민하던 플라스틱 물건들의 매끈하고 견고한 표면이 애틋하게도 느껴지기 시작했습니다. 그 이후로 멀쩡히 기능하는 물건들을 다른 걸로 교체해야겠다는 생각은 그만두었습니다. 한 번 생활에 들인 이상, 오래 아끼며 사용해야겠다고 다짐했습니다.

몇 년간 잘 사용하고 있는 플라스틱 물건 중의 하나는 다이소에서 구입한 천 원짜리 양치컵입니다. 사각에 라운딩이 된 형태의 하얀 컵으로, 군더더기 없는 심플한 모습이 질리지 않습니다. 무척 가벼운데다가 욕실 바닥에 몇 번이고 떨어뜨려도 금이 가지 않는 견고함이 매력입니다. 또 다른 제품은 마찬가지로 다이소에서 구매한 분홍색 분무기입니다. 근사한 분무기를 새로 사고 싶었던 적도 있지만, 지금은 쓰고 있는 것을 소중히 써야겠다는 생각으로 바뀌었습니다.

살림이나 인테리어에 관심이 커질수록 지금까지 써 온 물건이 성에 차지 않아 더 좋은 것으로 한바탕 바꾸고 싶은 마음은 이해가 갑니다. 저렴한 가격에 아무데서나 구매했던 물건일수록 그렇습니다. 하지만 집에 들인 이후로 지금까지 나의 생활을 무리 없이 잘 지탱해 준 기특한 물건이기도 합니다. 매정하게 교체해 버리는 대신 기능이 다할 때까지 충분히 활용해 보는 건 어떨까요? 애정을 갖고 사용하다 보면 세월에 따라 손길을 탄 흔적에 뜻밖의 매력을 느낄지도 모릅니다.

비록 환경에 좋지 않은 소재의 물건일지라도 이왕 한 번 샀다면 금방 교체하지 않고 오래 쓰는 것. 그것이 오히려 환경을 위하는 길이기도 합니다.

7 안전하고 느긋한 준비운동

차 한 잔,
일상으로
돌아옵니다.

긴 여행을 마치고 돌아온 뒤, 타이밍 좋게 코로나에 확진되어 일주일 동안 잠에 푹 빠져 있었습니다. 밀린 일도 있으니 슬슬 기운을 내지 않으면 안 되겠다 싶어 조급한 마음이 들던 요즘, 한숨 돌리고 찻잎을 꺼냈습니다. 일상으로 돌아오려는 보폭이 마음 같지 않게 삐걱거릴 때, 커피보다는 따뜻한 차 한 잔을 찾게 됩니다. 차 한 잔에 깃든 다채로운 감각을 차례로 따라가는 여정만큼 소란스러운 마음을 달래는 데 좋은 방법은 없으니까요.

먼저 거름망에 찻잎을 넣고 뜨거운 물을 붓습니다. 찻잎의 색이 우러나와 차의 빛깔이 선명해지는 모습을 천천히 감상합니다. 찻잎을 우리는 최적의 시간이 티백의 포장지에 표시되어 있지만, 그것을 일일이 따르지는 않습니다. 직접 두 눈으로 색의 변화를 지켜보다가 스스로 '이만하면 좋다'는 느낌이 들 때 거름망을 뺍니다. 기분에 따라 연하게 마시고 싶을 때는 조금 서두르고, 진하게 마시고 싶은 날에는 인내심을 가지고 더 기다립니다.

충분히 우리고 나면 거름망을 빼고 둥근 찻잔을 두 손으로 감싸쥡니다. 손바닥 전체에 온기가 퍼지면서 위로를 받는 느낌이 듭니다. 따뜻하고 다정한 세계를 끌어 안은 것처럼 풍족한 마음이 차오릅니다. 두 손 가득 스며드는 기분 좋은 따스함을 만끽한 후에는 천천히 찻잔을 입에 가져다 댈 차례입니다.

마시기 전에 한 단계가 남아 있습니다. '향'을 맡는 것입니다. 혀가 아닌 코로 먼저 차의 맛을 느낍니다. 마시기 직전, 훅 하고 코끝을 두드리는 차의 향을 음미해 봅니다. 향이 아직 코끝을 은은하게 맴돌 때, 조심스레 첫 모금을 마십니다. 서둘러 마실 때보다 훨씬 풍요로운 맛이 납니다.

뒤숭숭했던 마음이 어느새 찻찌꺼기처럼 차분히 가라앉습니다. 아직 충분하지 않다고 느껴지면, 한 차례 더 우려 마시며 마음껏 여유를 부려도 좋습니다. 차는 몸과 마음의 예민한 감각들을 차례차례 두드리는 과정이 매력적입니다. 조급한 마음에 일상 속으로 헐레벌떡 뛰어 들어오려던 발걸음을 멈춰 세우고 천천히 준비운동부터 하라고 일러 주는 듯합니다.

일상에 리셋이 필요할 때, 오랜 기간 여행을 떠났다가 돌아왔을 때, 마음이 어수선할 때, 모든 것을 제자리로 돌려놓아야 할 때 차를 마시는 시간을 가져 봅시다. 늘 서두를 줄만 아는 우리에게 안전하고 느긋하게 걸어오는 방법을 알려줄 것입니다.

8 잘 먹겠습니다의 자세

식사를 할 땐
바르게
앉습니다.

평소 자세가 그리 바른 편은 아닙니다. 특히 앉아 있을 때는 더욱 자유분방한 자세가 됩니다. 노트북을 바라보느라 어깨는 굽고 허리는 뻣뻣하며 다리는 늘 꼬고 있습니다. 척추를 위해서라도 똑바로 앉아야 한다고 생각하지만 마음처럼 몸이 따라주지 않습니다. 하지만 그런 저도 바르게 앉으려 주의를 기울이는 순간이 있습니다. 바로 식사를 할 때입니다.

밥상을 차리고 테이블 앞에 앉으면, 밥 한 숟갈 뜨기 무섭게 자세가 흐트러지는 제 모습을 발견하게 됩니다. 그럴 때면 아차, 하고서 꼬았던 다리를 풀고 허리도 꼿꼿이 세웁니다. 아무도 보지 않는 혼자만의 식사일지라도, 어느 정도 경건한 태도를 유지할 것을 마음에 새기고 있습니다.

하루에 세 번, 매일 반복되는 행위이기에 가볍게 여기기 쉽지만, 식사란 몸에 영양을 공급해 하루를 건강하게 지내게 하는 중요한 의식입니다. 다소 조촐하게 차린 밥상이라 할지라도, 눈 앞에 차려진 음식에 오롯이 감사하고 싶습니다. 그 마음을 잊지 않기 위해서라도 식사를 할 때 조금은 경건한 태도를 갖추는 것이 바람직하다고 생각합니다. 이런 의식적인 마음이 없다면 자세도 흐트러지기 십상이고, 행여 누군가와 함께하는 식사 자리에서 무심코 게걸스러운 모습이 튀어나올지도 모릅니다.

밥을 먹을 때 식탁 위에 차려진 오밀조밀하고 충만한 세계에 감사하는 마음을 잊지 않으려 합니다. 그 세계 안에는 곡식과 채소를 길러낸 땅, 정직한 시간, 땀을 흘리며 수확하는 농부, 작은 생명들, 유통하는 사람, 요리한 사람의 정성이 담겨 있습니다. 경건함이란 어떤 풍경이 내 앞에 오기까지 거쳐 온 것들을 인정하고 존경하는 미덕입니다. 두 발을 가지런히 바닥에 내려놓고, 허리는 의자 등받이에 곧게 기대고, 어깨는 편안히 열고, 되도록 바른 자세로 식사하려고 마음을 씁니다. 혼자 식사를 할 때도 이런 습관을 길러 두면, 누군가와 함께하는 중요한 자리에서도 예의 바르게 식사할 수 있습니다.

무엇보다 절로 자세를 바로 세우게 되는 정갈한 밥상을 차릴 수 있다면 더욱 좋겠지요. 밀폐용기의 뚜껑만 연 채로 반찬을 늘어놓는 것이 아닌, 그릇에 보기 좋게 옮겨 담고 식기의 짝을 맞추어 놓는 작은 수고로움이 식사 시간을 더욱 풍요롭게 만들어 줄 것입니다. 혼자 마주한 소박한 밥상일지라도 하루 세 번 스스로를 대접하고 내 앞에 온 풍경에 감사하는 마음으로 식사합시다.

그럼, 오늘도 잘 먹겠습니다.

9 노스탤지어의 감각

땅에
가까운
생활.

발을 땅에 딛고 살아가는 감각. 어쩌면 우리가 생활 속에서 우리가 잊고 살아가는, 무시하면서까지 살아가는 감각이 아닌가 싶습니다. 어렸을 때부터 고층 아파트에서 살며 입식 생활을 해 왔기 때문입니다. 하늘을 찌를 듯한 고층 아파트는 선망의 대상인데다가 작은 원룸을 구하더라도 이왕이면 더 높은 층을 고집합니다. 하지만 두 번째 자취방을 3층과 16층 중에 골라야 했을 때, 엄마는 3층을 강력히 주장했습니다. 자고로 땅과 가까이 살아야 하는 법이라면서요. 그렇게 살게 된 3층집은 가을이 되면 창밖으로 노랗게 물든 은행나무가 보여 몹시 운치 있었습니다.

저도 입식 생활을 하고 있지만, 실은 남몰래 땅에 가까운 생활에 대한 동경을 품고 있습니다. 시야가 낮은 생활에 정감이 느껴진다고 할까요. 의자에 앉는 대신 러그 위에 앉거나 눕고 싶고, 침대도 프레임 없이 낮은 매트리스만 두어 바닥과의 높이를 최소한으로 하고 싶습니다. 집 안의 마룻바닥도 단지 걸어 다니기 위한 '통행의 공간'이 아닌, 스스럼없이 드러눕고 물건을 두기도 하는 '생활의 공간'이 되었으면 하는 바람이 있습니다.

이런 생활을 '좌식 생활'이라는 명칭으로 부르는 것으로는 영 와닿지 않는 느낌이라, 저는 멋대로 '땅에 가까운 생활'이라는 말로 부르고 있습니다. 시야에 들어오는 풍경과 동작의 범위가 바닥과 가까울수록 마음이 안정되는 기분은 왜일까요. 과학적인 근거는 모르겠지만, 엄마가 말했던 '자고로 땅과 가까이 살아야 하는 법'이란 말과 일맥상통하는 이야기가 아닐까요.

땅에 가까운 생활이란 노스탤지어의 감성을 품고 있는 것 같습니다. 어릴 적 여름방학에 할머니댁에 가면 거실 한가운데 엎드려 스케치북이나 일기장을 늘어놓고 색칠공부를 하거나 글씨를 쓰곤 했던 기억이 소록소록 납니다. 그 옆에는 꽃무늬 쟁반 위에 수박 등의 과일이 포크와 함께 놓여 있었습니다. 바닥은 과일에서 흘러나온 물로 끈적해지고 컵에 맺힌 물방울은 얼룩을 남겼습니다. 식사를 할 때도 앉은뱅이 탁상에 옹기종기 둘러 앉아 엉덩이를 바닥에 붙이고 밥을 먹었습니다. 적당히 서늘한 바닥이 뱃가죽에 든든하게 닿는 느낌, 엎드렸던 몸을 반쯤 일으켜 밖을 내다보면 시야에 딱 좋게 들어오던 화단의 풍경. 제가 몸으로 기억하는 땅에 가까운 생활이라는 것은 추억이 깃든 유년의 생활입니다. 시야가 낮은 생활에 대한 애틋함은 어쩌면 어릴 적 작은 키로서 마주했던 생활에 대한 그리움일지도 모르겠습니다.

얼마 전 일본에 갔을 때, 마지막 날에 다다미가 깔린 일본식 목조 가옥에서 묵었습니다. 낮은 탁자와 등받이 의자, 납작한 방석이 전부인 방을 보자마자 땅에 가까운 생활에 대한 동경이 희미하게 부풀었습니다. 붙박이식 벽장을 열어 두툼한 이불을 꺼내 깔고 그 위에 누웠습니다. 발바닥에 닿는 다다미의 감촉도 산뜻하고, 바닥에 물건들을 늘어놓는 것도 즐거웠습니다. 욕실에 낮게 설치된 수도와 샤워기, 보일러 버튼, 거울까지도 앙증맞았고요. 늘 동경했던 땅에 가까운 생활을 체험했던 하룻밤이었습니다.

막상 좌식 생활을 하게 되면 불편할지도 모르겠지요. 첫 번째 자취방에서 그랬던 것처럼 말입니다. 그러나 그때는 협소한 크기 때문에 곤란한 점이 많았으니, 언젠가 쾌적하고 넓은 방에서 바닥에 가까운 생활을 꾸려 본다면 또 다른 느낌이 들지 않을까 은근히 기대하고 있습니다.

외국어로
쓰인 시집을
읽습니다.

기타가마쿠라의 오래된 주택을 개조한 어느 운치 있는 카페에 갔습니다. 음반과 시집, 엽서가 놓인 그곳에서 운명처럼 시집 한 권을 만났습니다. 마음에 드는 물건을 발견하면 보통 두 가지 경우입니다. 집에 가서 천천히 살펴 보고 싶은 것과 지금 당장 살펴 봐야 감동이 배가 될 것 같은 것. 이 시집은 후자였습니다.

일본어로 된 책도 곧잘 읽지만 외면해 오던 분야가 있었으니 다름 아닌 시입니다. 문법이 비교적 정확한 다른 장르와는 달리 시에는 자유분방한 문장들이 많기 때문입니다. 한국어로 읽어도 아리송한 것이 시인데 일본어로는 더더욱 읽을 엄두가 나지 않아, 여태껏 서점에 가도 시집 코너는 거들떠 본 적이 없습니다.

하지만 이곳에서 새하얀 표지에 제목 한 줄만이 적힌 소박한 시집을 발견했을 때는 한순간에 마음이 빼앗겼습니다. 시집 안에 드문드문 적힌 단순하고 아름다운 단어들에 홀려 덥석 집어든 뒤, 밀크티를 마시며 천천히 읽었습니다. 그리고 깨달았습니다. 오히려 완벽히 이해하지 못하기에 상상할 수 있는 세계가 있다는 것을요.

모르는 한자가 줄줄이 나타나도 바로 번역기를 켜지 않습니다. 다만 이해할 수 있는 단어들을 조합해 새로운 의미를 짜깁기하며 떠오르는 심상을 제멋대로 그려봅니다. 이렇게도 문장을 지어보고 저렇게도 지어보고 조금 더 가슴이 울리는 쪽으로 받아들입니다. 한국어와 달리 한눈에 읽히지 않기에, 한 글자씩 더듬어가며 천천히 읽어 내려갑니다. 그렇기에 눈이 읽기 전에 머리가 먼저 읽는 법이 없습니다. 눈과 손 그리고 마음으로 글자의 모양을 읽습니다. 이해하지 못하는 단어의 자리에 고스란히 생기는 공백은 미지의 세계로 이어지는 포탈처럼 느껴집니다. 그렇게 단어와 단어 사이의 틈을 비집고 저 너머의 세상에 발을 들여 봅니다.

그렇게 남는 것은 일상에서 자주 들어 익숙하고 단순한 단어들입니다. 새, 구름, 날개, 모래, 물. 그런 단어들로 상상할 수 있는 장면들을 머릿속에 자유롭게 그려봅니다. 모든 말을 온전히 이해하지 않아도 됩니다. 마음에 와닿은 말들만 슬쩍 건져 올리면 되는 것입니다.

그러고 보면 시란 원래 이런 것이 아닐까요. 모든 걸 빈틈

없이 받아들이려 하지 않고, 마음에 슬쩍 다가온 것들만을 오래 곱씹고 사랑할 것을요. 그런 깨달음을 얻게 하려고 이 시집이 운명처럼 제 앞에 나타난 것일지도 모르겠습니다. 일본에서 돌아온 지금도 그 시집엔 아직 채 읽지 못한 몇 편의 시가 남아 있습니다.

추신. 떠오른 김에 그 시집*을 펼쳤더니 이런 문장이 있었습니다. 제가 생각하는 '기본'의 의미와 닮아 있어, 왜인지 운명처럼 느껴집니다.

마음 깊숙한 곳에, 가만히, 작은 돌을 놓습니다.
胸の奥に、そっと、小さな石を置く。

*『せかいの織りなす瞬間に』(かさいあさこ 作)

11 여행자의 책임

안부,
그 전에
안전입니다.

최근 한동안 보던 드라마가 있습니다. 마음씨 고운 주인공들이 나오지만, 분통이 터질만한 행동을 자주 해 답답합니다. 결코 나쁜 짓을 하진 않지만, 주변 사람들을 걱정시켜보는 입장에서도 혼을 내고 싶어집니다. 위험하니 밤에 혼자 산에 가지 말라는데도 기어이 올라가 비탈길을 구르고, 감기 기운이 있어도 약을 안 먹겠다고 괜한 고집을 부립니다. "왜 이렇게 청승을 떨어!"하고 볼멘소리를 내보지만, 화면 너머의 그들에게 제 목소리가 닿을 리 없겠지요.

며칠 전 엄마를 걱정시켰던 일이 있습니다. 가마쿠라를 여행하면서 혼성 도미토리를 예약했는데, 생판 모르는 남성 여행객과 2인실에 둘이서만 묵게 된 것입니다. 대수롭지 않게 생각하려 했는데, 당일에 엄마가 알게 되고는 소란이 벌어졌습니다. 지금이라도 다른 곳을 예약하라면서 말입니다. 엄마 왈, "당장 일본으로 날아갈 뻔했어"라네요. 성화에 못 이겨 결국은 우연히 친해지게 된 현지인 분의 집에서 하룻밤 신세를 지기로 했습니다.

처음에는 엄마의 걱정이 유난스럽다고 생각했습니다. 별일 없을 거라고 다독이던 제 속을 괜히 어수선하게 만든다고요. 그렇게 한참 성가신 기분에 휩싸여 있다가 이내 잘못 생각했다는 것을 깨달았습니다. 나의 안위는 나 혼자만의 것이 아니었던 것입니다.

우리 곁에는 우리를 걱정하고 아껴주는 사람들이 있습니다. 어디를 가든 그들의 마음을 늘 어깨에 지고 다니는 셈입니다. 나 혼자 괜찮답시고 아무렇게나 행동하고 제멋대로 위험한 쪽을 택해서는 안 되는 것입니다. 인연을 맺는다는 것은 그런 것입니다. 나를 소중하게 여기는 사람들을 곁에 두었다면 그 연에 대한 책임이 있습니다. 그렇게 생각하니 혼자 하는 여행이라고 너무 안일하게 이것저것 결정해 버렸다는 반성이 들었습니다. 타국에 가는 만큼 스스로 최대한 염려하고 안전한 방향으로 다닐 것. 그것이 모두의 걱정을 떠안고 여행길에 오르는 자의 의무인 것이 아니었을까요?

매일 자기 전, 그날 찍은 사진들을 보내며 안부를 전했으나 안부란 다른 것이 아니었습니다. 걱정해 주는 사람들을 걱정시키지 않는 것. 마음 졸이게 할 만한 일을 가능한 만들지 않는 것. 그런 단순한 것이야말로 내가 전해야 할 바른 안부인 것이었습니다.

누군가에게 걱정을 끼치면 이유 모르게 혼쭐 당하는 기분이 듭니다. 그날 저는 엄마에게 왠지 혼이 난 듯한 기분이 되어, 한껏 주눅이 든 채 흐린 거리를 걸었습니다. 하지만 이제는 누군가에게 걱정을 끼치고 또 주변의 소중한 사람을 걱정하는 것의 의미를 알게된 것 같습니다. 드라마 속 주인공들에게 외쳤던 말을 당시의 저에게 건네 봅니다. 가지 말라면 가지 말고, 제대로 챙겨 먹으라면 잘 챙겨 먹고. 그렇게 저를 걱정해 주는 사람들 덕분에 저는 오늘도 안전한 길로 한발짝 걷습니다.

12 인생이 늘 상승세일 수 없는 법

흥을 뽑아도
마음먹기
나름입니다.

일본에서 연말연초를 맞아 신사에서 오미쿠지를 하나 뽑았습니다. 결과는 그동안 숱하게 뽑으면서도 한 번도 나온 적이 없는 '흉凶'이었습니다. 흉은 한자도 어쩜 이렇게 무시무시하게 생겼는지요. 가벼운 마음으로 보는 점괘라는 건 알지만 괜히 기분이 찝찝해졌습니다.

안 좋은 기분을 질질 끌고 싶진 않아 너무 기고만장해하지 말라는 뜻으로 받아들이기로 했습니다. 그도 그럴 것이 이번 신년이야말로 기고만장해지기 딱 좋은 타이밍이었기 때문입니다. 지난 해에 책도 출간하고 졸업 전시도 성공적으로 마쳤으니 기세등등해지기 좋은 시기였습니다. 무서울 것 없이 행동하다 큰코 다칠 수 있다는 경고인 걸까요? 오미쿠지를 읽어보니 이렇게 적혀 있었습니다. '아집이 생길 수 있으므로 너무 날 세우거나 타인과 다투지 말고 잘 어우러질 것.' 나쁜 일이 벌어질 것이라는 무서운 저주가 아니라 조심해서 행동하라는 조언이 담겨 있었습니다.

만약 흉 대신 '대길大吉'이 나왔으면 어땠을까요? "올해 운세 좋네!"하고 자신만만해져 독불장군처럼 행동하진 않았을까요? 운세만 믿고 설치다가 무심코 실수하는 일이 벌어졌을지도 모릅니다. 흉을 뽑음으로써 돌다리도 한 번 두들겨 보고 건너는 마음가짐이 생겨, 다가올 일을 신중하게 고민하게 될지도 모릅니다. 정신승리라고 말할지 모르지만 아무렴 어떤가요.

비단 올해 뽑은 흉이 아니더라도, 사주를 볼 때마다 20대는 잘 안 풀리는 시기라는 소리를 종종 듣습니다. 하지만 그런 말을 들어도 주눅이 들기보다 홀가분한 마음이 듭니다. 앞으로 벌어지는 모든 일이 마음처럼 되지 않더라도 내가 부족해서가 아니라 흐름이 그러한 것뿐이구나, 묵묵히 해야 할 일을 하다 보면 흐름이 바뀌는 시기가 자연스레 찾아오겠구나, 하고 생각할 수 있을 것 같아 덜 조급해집니다.

흉이 적힌 종이를 묶으면서, 제가 흉을 하나 뽑음으로써 흉이 아닌 다른 것을 뽑을 수 있는 이름 모를 누군가를 떠올렸습니다. 그런 생각을 하니 기분이 썩 나쁘지 않았습니다. 이번 연도에 저는 잠시 쉬어가지만, 그 사람은 기세 좋게 앞으로 나아가면 되는 것입니다.

며칠 후, 마음에 든 다른 신사에서 눈 딱 감고 하나를 더 뽑아 보았습니다. 결과는 '말길末吉'. 길 중에서도 가장 말단, 흉의 바로 위에 해당하는 운세입니다. 하지만 이미 흉을 뽑아서였을까요? 한 단계 좋아진 운세에 함박웃음이 났습니다. 아무렴 인생도 이렇게 한 걸음씩 나아가는 것이려나요.

그러고 보면 작년은 그럭저럭 잘 풀렸던 한 해였습니다. 인생이 매번 상승세일 수는 없는 법입니다. 오미쿠지의 조언을 받들어 올해는 조금 겸손한 태도로 제게 주어진 상황을 헤쳐나가겠다는 하는 겸허한 다짐을 해 봅니다. 모든 것은 받아들이기 나름이니까요.

추신. 어느덧 또 한 해가 흘러 퇴고를 하는 지금, 돌아보니 흉을 뽑았던 것이 무색하게 행운이 넘쳤던 1년이었습니다. 역시 운세보다 중요한 것은 실제로 하루하루를 살아가는 태도인 걸까요?

13 성실하고 청순한 마음

처음 뵙겠습니다.
잘 부탁드립니다.

일드 <마이코네 행복한 밥상>은 중학교를 갓 졸업한 두 소녀, 키요와 스미레가 고향을 떠나 교토에 가서 마이코가 되기 위해 합숙을 시작하는 이야기입니다. 나날이 두각을 보이는 스미레와는 달리 무예에는 영 소질이 없는 키요는 다른 길을 알아보라는 권유를 받습니다. 그러나 키요에게도 특기가 있었으니, 바로 요리입니다. 우연히 식사를 준비한 일을 계기로, 마이코 숙소의 담당 요리사 '마카나이상'으로서 주방 일을 시작하게 됩니다.

마카나이상으로서 일하는 키요의 모습은 많은 생각을 하게 만듭니다. 마이코라는 꿈이 좌절된 것에 울상을 짓기보다 자신의 새로운 역할에 당차게 집중합니다. 점차 어엿한 마이코가 되어가는 스미레를 보면서도 자격지심을 갖기는커녕 순수한 마음으로 응원합니다.

넘보기 어려운 꿈이라는 현실을 직면하고 돌아서는 일은 얼마나 아쉬운가요. 하지만 키요는 자신이 더 빛을 발할 수 있는 자리가 있다는 것을 겸허히 받아들이고 할 수 있는 몫을 즐겁게 합니다. 후회하고 주눅든 자세가 아닌, 할 수 있는 것을 하고 싶은 만큼 보여주는 정직하고 산뜻한 자세로 말입니다. 키요가 만드는 요리는 결코 호화로운 만찬이 아닙니다. 요리를 먹은 마이코 언니들은 입을 모아 이렇게 말합니다. "평범해. 그런데 맛있어!"

정식 마이코가 되기 위해 기모노를 차려입고 무예를 배우고 머리를 예쁘게 올리는 다른 소녀들 사이에서, 키요는 요리사 전용 파란색 원피스를 입고 머리띠를 질끈 동여맨 채 매일 상점가와 부엌을 바삐 오갑니다. "안녕하세요"하고 밝게 인사하며 상점가의 상인들과도 안면을 튼 키요는 교토라는 마을에서 마카나이상으로서의 자신만의 인연을 당당하게 만들어 갑니다.

인상 깊은 대사가 있습니다. 매일 부엌에서 식사 차리는 일이 질리지 않냐고 묻는 게이코에게 키요는 이렇게 답합니다. 매일 아침 상점가를 오가며 오늘은 뭘 만들지 고민하고, 숙소 식구들의 그날 컨디션을 살피며 담백하게 만들까 기름지게 만들까 정한다고요. 그러면서 항상 식사 준비를 할 때마다 식재료들에 '처음 뵙겠습니다. 잘 부탁드립니다'라고 인사를 건네고서 손질을 시작한다고 합니다. 주어진 자리에서 맡은 바에 집중하는 키요의 모습을 보며 참으로 '청순하다'는 생각이 들었습니다.

일본의 작가 마쓰우라 야타로는 '청순한 마음'이란 어떤 일을 처음 시작하는 초심자의 마인드와 비슷하다고 말했습니다. 타성에 젖지 않고 일을 처음 마주하는 사람처럼 매 순간 설렘과 긴장을 갖고 임하는 마음가짐이라는 뜻입니다. 마카나이상으로서의 키요가 가진 마음이 이런 청순한 마음이 아닐까요? 무해하고 야무진 투지, 꼼수 부리지 않는 정직한 솜씨, 마카나이상으로서 맞이하는 나날을 온전히 즐기는 마음 말입니다. 홈베이킹 도구를 갖고 싶어 장을 보며 추첨 응모권을 하나씩 모으고, 평소와 달리 특별한 재료를 구하고 싶어 돌아다니며 일상의 행복들을 만끽하는 모습. 이런 모습이야말로 1인분 몫을 하는 성숙한 어른의 모습이 아닐까 싶습니다.

저 또한 제가 할 수 있는 것을 하고 싶은 만큼 보여줄 수 있는 어엿한 자리에 서 있는 것에 감사하며 성실하고 청순하게 살아가야겠다는 다짐을 합니다. 그런고로 지금 하고 있는 모든 일에 다시금 인사를 드립니다. 처음 뵙겠습니다. 잘 부탁드립니다.

14 손글씨를 보여주는 일

가방 속에
펜과 엽서를
넣어 둡니다.

"난 어딜 방문해서 좋으면, 그걸 꼭 말씀드리려고 해." 그렇게 말하는 10년지기 친구 은지는 스몰토크가 자연스럽습니다. 칭찬을 들으면 기분이 좋으니까, 라는 단순한 이유라나요. 카페에 가면 "사장님, 여기 분위기가 너무 좋아요"라며 칭찬을 쏟아내 분위기를 금방 화기애애하게 만듭니다. 그렇게 사장님과 몇 마디 주고받다 보면 그곳에서의 기억이 좋게 남아 나중에 또 오고 싶어집니다.

은지가 스스럼없이 말을 거는 타입이라면, 저는 쪽지를 남기고 싶어 하는 타입입니다. 조금은 수줍은 사람이기도 하고, 여유롭게 인사말을 고르는 시간이 좋기 때문입니다. 그래서인지 이번 일본 여행에서도 아쉬운 순간들이 많았습니다. 정말 좋은 공간이라는 소감을 전하고 싶은데, 그때마다 종이가 없어 단념했던 적이 많았기 때문입니다. 아쉬운 대로 스몰토크를 나누어도 역시 대화로는 전해지지 않는 손편지만의 풋풋하고 수줍은 감성이 있는 법이니까요. 앞으로는 가방 속에 작은 엽서나 메모지를 꼭 챙기고 다녀야겠다는 생각을 하게 되었습니다.

말로 할 수 있는 걸 왜 수고를 들여 손으로 쓸까. 스스로 물었습니다. 고민 끝에 의외로 단순히 내놓은 답 하나. 바로 누군가의 손글씨를 보는 것은 꽤 은밀한 일이기 때문입니다. 우리는 평소에 누군가의 손글씨를 볼 기회가 많지 않습니다. 누군가의 손글씨를 안다는 것은, 그의 곁에 가까이 머물고 있다는 뜻입니다. 그렇기에 편지를 쓰는 일은 자신의 비밀스러운 모습을 한 조각 떼어 슬며시 건네는 행위와도 같습니다. 그 행위에 깃든 용기와 온화함이 사람의 마음을 쿵쿵 두드리는 것입니다.

그래서 저는 넉넉한 사이즈의 편지지 말고도 슬쩍 남기고 오기 좋은 포스트잇 사이즈의 아담한 엽서도 집에 챙겨 둡니다. 어딘가 좋은 곳을 가게 될 거란 예감이 들 때, 가방에 쏙 넣고서 외출합니다.

지금도 가마쿠라의 어느 해변가를 바라보고 자리한 아담한 카페 겸 바에는 제가 남기고 온 손바닥만 한 편지가 있습니다. 그곳에 머무는 동안 절 가족처럼 챙겨 주고 소중한 추억을 만들어 주었던 마스터와 이웃들, 공간을 향한 저의 은밀한 러브레터입니다. 떠나기 전날 아침, 동네의 카페에 들러 따뜻한 우유 한 잔과 크로와상을 먹으며 썼던 편지입니다. 마스터는 바 좌석에 그 편지를 붙여 두고 제가 다시 찾아올 날을 기약하며 따뜻하게 안아 주었습니다.

가방 속에 펜과 엽서 한 장을 위한 자리를 마련하는 습관은 얼마나 다정한가요. 마음에 들어 자주 가는 단골 카페가 있다면, 다음에는 진심을 담은 작은 쪽지를 슬쩍 두고 오는 건 어떤가요? 사장님과 마음을 터놓고 이야기를 나누게 되거나 평생 이어질 연을 만들게 될지도 모릅니다.

15 윤택한 생활을 꾸리는 법

나다움을
만드는
두 가지 선택.

반짝반짝 잘 다듬어져 제 빛깔을 내는 모습을 보고 '윤택하다'고 합니다. 윤택한 생활이란 나만의 기준과 습관으로 꼼꼼하게 연마하는 생활입니다. 그런 의미에서 생활에서의 윤택함이란 결국 '나다움'이 아닐까 싶습니다.

하지만 나다움이라는 말만큼 모호하게 다가오는 단어도 없습니다. 일상 속에서 나다움은 어떻게 발휘되는 걸까요? 이 물음에 대한 힌트는 다름 아닌 '선택'입니다. 한 사람의 그다움은 선택의 순간에 드러나는 법입니다. 일상 속에서 그러한 선택은 두 가지 종류가 있습니다. 하나는 '고민 없이 오직 이것', 또 다른 하나는 '이중에 오늘은 어떤 것'입니다. 즉, 나다움이란 '늘 한 가지를 고집하는 영역'과 '매일 다르게 고르는 영역'에서 드러납니다.

저는 그릇과 컵을 좋아해 그동안 모은 물건들이 찬장에 가득합니다. 매일 식사를 할 때나 커피를 내릴 때, '오늘은 어떤 컵에 마실까' 하며 기분에 따라 마음에 드는 컵을 고릅니다. 하지만 어떤 사람은 아끼는 단 하나의 컵이 있어, 망설일 것 없이 매일 그 컵에 물을 따라 마실 수도 있습니다. 두 경우 모두 각자다움이 드러나는 생활의 한 장면입니다.

이러한 선택의 종류는 일상 속 다양한 영역에 적용해 볼 수 있습니다. 향수는 어떨까요? 향수들을 늘어 놓고 그날의 차림과 기분에 맞춰 고르는 사람이 있는가 하면, 자신만의 시그니처 향수가 있어 언제 어느 상황에서도 늘 그 향수만 뿌리는 사람도 있습니다.

인생의 모든 영역에서 무조건 한 가지만을 고집하는 사람과 여러 가지 중에서 고르기만 하는 사람은 없습니다. 어떤 분야는 한 가지를 고집하는가 하면, 또 다른 분야에서는 취향에 따라 컬렉팅하는 즐거움을 느낄 수도 있습니다. 중요한 것은 어떤 영역에서 어떤 종류의 선택을 적용하는 것이 나다운 생활에 가까운지 면밀히 탐구하는 것입니다.

예를 들어 양말이라는 하나의 물건을 두고도 각자의 기본이 다릅니다. 저는 특별한 경우가 아니면 흰 양말을 선호합니다. 오늘도 내일도 똑같이 생긴 흰 양말을 신습니다. 어떤 옷에도 잘 어울리고 단정한 느낌을 주기 때문입니다. 하지만 친구 소민이는 월화수목금토일 각기 다른 양말을 고른다고 합니다. 매일 다른 옷차림에 따라 양말을 짝맞추는 것이 재미있다고요. 양말일 뿐이지만, 일상의 디테일한 부분까지 나다운 기본에 따라 선택하는 것. 그 소소한 즐거움이 윤택한 일상을 만듭니다.

오늘의 일기입니다. 찬장의 컵들 가운데 커피를 마실 때 유독 손이 가는 무인양품 머그컵을 골라 오랜만에 커피를 내려 마셨습니다. 그다음 원고지 디자인의 편지지를 골라 유일하게 갖고 있는 카키모리 사의 벚나무 만년필과 풀빛 잉크로 친구에게 편지를 썼습니다.

인생은 'BBirth'와 'DDeath' 사이의 'CChoice'라는 말이 있습니다. 매일매일은 선택의 연속입니다. 그 선택을 보다 나답게 내리는, 일상 속의 디테일한 큐레이션이 중요합니다. 나다운 선택이 반복되면 질서가 됩니다. 그 질서로 다듬어진 일상은 윤택합니다. 오늘은 어떤 선택들로 윤택한 하루를 꾸려 가고 있나요?

16 생각보다 죄송할 일은 없습니다.

죄송하다고
말하지
않습니다.

에디터로 첫 회사 생활을 시작했을 때 제가 배운 것은 메일을 쓰는 방법이었습니다. 서문을 여는 인사, 간결한 안부, 보고하는 법과 요청하는 법. 하지만 에디터에게 요구되는 또 하나의 덕목이 있었으니 그것은 겸허함이었습니다. 늘 누군가를 섭외하고 인터뷰를 요청하는 일이 다반사인 이 직업은 상대방을 노크하는 순간부터 자칫 을이 되기 쉽습니다.

여러모로 죄송할 일이 많은 막내 인턴 에디터로서 존엄을 지켜내기 위해 꼭 준수하고자 마음먹었던 철칙은 함부로 죄송하다고 말하지 않는 것이었습니다. 상사에게든 거래처 상대에게든 관성처럼 고개 숙이고 들어가려는 자세를 경계할 것. 신입 주제에 득의양양하다고 생각할지 모르지만, 죄송하다는 말은 상대를 위해서도 웬만하면 자주 꺼내지 않아야 할 말이라고 생각합니다.

사과를 받는다는 것은 손해를 보았다는 뜻입니다. '죄송합니다'라는 말을 듣는 순간 기분이 좋을 사람이 있을까요? 가령 '회신이 늦어져서 죄송합니다'라는 문장으로 메일의 서두를 연다면, 과연 상대방이 그 메일을 산뜻한 기분으로 읽어 내려갈 수 있을까요?

죄송한 마음을 전하는 것은 중요한 덕목이지만, 업무를 도모하는 사이에서 주고받는 메일의 목적은 보다 다른 데에 있다고 생각합니다. 무엇보다 메일을 기분 좋게 읽을 수 있도록 할 것. 메일을 쓸 때 제가 가장 유념하는 것은 그러한 마음가짐입니다. 그래서 저는 메일을 쓸 때 단어를 무척 신중히 선택합니다. 부정적인 뉘앙스를 풍기는 단어나 문장을 긍정적인 뉘앙스로 바꾸어 말하는 것입니다.

일하면서 가장 자주 고쳐 쓴 문장은 '양해해 주셔서 감사드립니다'입니다. 예상치 못한 일로 회신이 늦어졌을 때 '회신을 늦게 드려 죄송합니다'라고 말하지 않습니다. 대신 '기다려주셔서 감사합니다'라고 바꾸어 말합니다. 회신을 늦게 한 나의 행동이 아닌, 회신을 기다려 준 상대의 행동에 초점을 두고 손해가 아닌 보상의 감각을 전합니다. 비슷한 뜻이 담긴 문장임에도 '죄송합니다' 대신 '고맙습니다'라는 말을 마주했을 때 사람은 더욱 너그러워지는 법입니다. 메일을 주고받을 땐 상대방이 기분 좋게 읽을 수 있도록 하는 것. 그것이 제가 스스로를 지키면서도 상대방을 존중하기 위해 세운 메일의 기본입니다.

그렇게 메일을 쓰다 보면, 생각보다 일하면서 죄송할 일이 없다는 것을 알게 됩니다. 상사에게 보내는 메일에도 과하게 자세를 낮추지 않고 전해야 할 말을 충분히 잘 전할 수 있습니다. 무의식적으로라도 '저 사람은 참 죄송할 일을 자주 만드는 사람이야'라는 이미지를 심어주는 것을 경계합시다. 잘못이 아닌 일에 습관처럼 사과를 남발하지 않도록 합니다. 대신 나의 행동을 양해해 준 상대에게 고마운 마음을 표현합시다.

물론 정말 잘못한 일이 있다면, 그때는 진심을 담아 제대로 사과하도록 합시다. 그럴 때 제대로 죄송하다고 말하기 위해서라도 죄송하다는 말의 경중을 소중히 여겨야 합니다. 나의 잘못인 것과 그렇지 않은 것을 차차 알아가는 것이 일하면서 얻는 귀중한 삶의 지혜가 아닐까요?

| 17 | 평소에 가는 장소들 |

나만의
아지트는
어디인가요?

분위기 좋은 공간을 찾아다니는 저는 특정 카페를 고집하기보다 매일매일 다른 카페를 도장깨기 하는 것이 일상입니다. 처리해야 할 지루한 작업도 카페에서라면 기분 전환도 되어 한결 산뜻한 기분으로 할 수 있습니다. 그렇게 지도 앱에 표시해 둔 곳만 어느덧 1,000여 곳에 이릅니다.

그런 방대한 컬렉션 중에서도 운명처럼 단골이 되어버린 카페들이 드물게 있습니다. 저만의 은밀한 작업실이자 아지트가 된 전주의 카페 두 곳입니다. 모두 본가에서 걸어서 10분 거리에 있어, 휴학 시절 매일 출근하다시피 발걸음한 공간들입니다. 지금도 가끔씩 본가에 내려가면 정해진 루틴처럼 찾아갑니다. 본가에까지 들고 온 업무나 작업도 이곳에서 전부 해결합니다. 어느 날엔 "오랜만에 오셨네요?"라는 인사를 듣고 '나를 기억하고 있었다니!'하고 속으로 감동을 받은 적도 있습니다.

두 카페를 이토록 애정하는 이유는 이곳에서 쌓인 기억들이 방대하기 때문도 있지만, 가장 큰 이유는 언제 가도 늘 한결같다는 점입니다. 흘러나오는 음악도, 옹기종기 모여 있는 사람들의 분위기도, 음료와 디저트의 맛도, 계절마다 빛이 다르게 새어들어오는 모습도, 커피를 내리는 사장님도 몇 개월에 한 번씩 불쑥 발걸음하더라도 늘 그대로입니다. 말없이 갑자기 내려가도 포근하게 맞이해 주는 본가처럼 말입니다. 그래서인지 본가에 내려갈 때면 두 곳의 카페도 함께 나를 반겨주는 것 같아 애틋합니다.

매일 다른 곳을 방문하는 것도 무척 즐겁지만, 때로는 마음에 드는 한두 곳을 내 안의 지도에 찜해 두고 드나들어 보는 것은 어떨까요? 그곳에서의 시간이 쌓이다 보면, 그립고 특별한 아카이브가 됩니다. 제 경우에는 소설을 쓸 때 자주 찾았던 카페가 있는데요.. 그 소설을 읽다 보면 어느 문단을 쓰던 카페의 분위기, 온도, 흐르던 음악까지 파도처럼 밀려와, 기억의 바다 속에서 몽글몽글 헤엄치는 기분이 듭니다.

그렇게 한창 몰두했던 작업이나 읽던 책이 떠올라 문득 추억에 잠기기도 하고, 행여 비슷한 작업을 해야 할 때 그곳을 찾아가 영감을 얻기도 합니다. 비단 연이란 사람하고만 맺을 수 있는 것이 아닙니다. 언제 방문해도 변함없이 나를 반겨줄 공간을 컬렉팅해두는 일. 그것은 단순히 아지트를 만드는 것을 넘어 나의 역사의 일부가 되는 소중한 기억들을 수집하고 조각하는 일, 더 나아가 언제든 돌아갈 곳을 만들어 두는 일이 될 것입니다.

추신. 꼭 카페가 아닐 수도 있습니다. 마음이 가서 자주 발걸음하는 식당이나 서점, 동네, 여행지, 심지어는 다른 나라까지 모두 내가 언제든 돌아갈 수 있는 장소가 될 수 있다는 점을 기억합시다.

18 물건은 웨이터일 뿐입니다

물건을
비우는
마법의 질문.

물건을 줄이고자 마음먹은 것은 언젠가부터 온갖 물건들이 소리를 지르는 것처럼 느껴졌기 때문입니다. 수납장에 아무렇게나 처박혀 있는 잡동사니들이 언제라도 저를 덮치려고 벼르고 있는 듯 보였습니다. 집이 소란스러우니 도무지 하루하루가 개운하지 않아 군더더기를 하나둘씩 덜어내고 싶어졌습니다. 마음의 군더더기도, 공간의 군더더기도 말입니다.

약 스무 해 동안 자타공인 맥시멀리스트로 살아왔던 만큼, 물건을 버리기란 쉽지 않았습니다. 유명한 곤도 마리에의 영상과 미니멀라이프 다큐멘터리를 모두 섭렵하고, 미니멀리스트 유튜버를 구독해 여러 가지 팁을 수집했습니다. '1일 1비움'까지 도전하며 미니멀라이프로 향해가는 여정 속에서, 마침내 물건을 비우는 데 있어 저에게 가장 효과적인 질문 한 가지를 발견했습니다. 바로 '이 물건이 과연 나를 Serve하고 있는가'라는 질문입니다.

'Serve'를 보면 '서비스Service'라는 단어가 생각납니다. 레스토랑이나 호텔 등에서 받는 서비스를 한 번 상상해 봅시다. 웨이터가 정중한 태도로 다가와 우리가 필요로 하는 딱 맞는 서비스를 제공해 기분을 쾌적하게 만들어 줍니다. 'Serve'는 공손히 대접하고 섬기는 행위를 뜻합니다. 바로 물건이 이 웨이터의 역할을 해야 하는 것입니다.

내가 필요로 하는 딱 알맞은 정도의 서비스를 대접하는 것. 그것이 물건의 역할입니다. 생활을 함께 꾸려가는 반려인인 나를 정중히 대하고, 내가 원하는 삶의 모습에 기여할 수 있어야 합니다. 나의 발목을 붙잡아 두고, 찝찝한 기분을 주고, 자리만 차지할 뿐 쓰임을 하지 않는 배짱 좋은 물건은 웨이터로서 실격입니다.

'이 물건이 진정 나를 Serve하는가'라는 질문을 던지면 의외로 간단히 물건을 버릴 수 있습니다. 아까워서 버릴 수 없었던 물건은 계속 보관해도 쓸모가 없다는 이유로 버릴 수 있게 되고, 선물 받아서 버리기 미안했던 물건도 그 사람이 내게 준 것은 나를 향한 응원이지 물건이 아니라고 생각하면 홀가분해집니다. 마음에 쏙 들지는 않지만 쓸 데가 있을 것 같아 놔뒀던 물건은 '좋은 기분'에 Serve하지 않는다는 이유로 미련 없이 처분할 수 있게 됩니다. 내 삶에 '물건'이 아니라 가치 있는 '서비스'를 남기는 것. 그것이 미니멀라이프를 시작하는 마음가짐입니다.

물건이 나를 섬겨야 하는 것이지, 내가 물건을 섬기는 것이 아닙니다. 물건을 향한 욕망에 끌려다닌다면 갑과 을이 바뀐 꼴입니다. 과거의 나도 미래의 나도 아닌, 현재의 생활을 성실하게 꾸려가는 나에게 충성하는 물건을 곁에 둡시다. 그리고 물건이 나를 존중하는 만큼 나 또한 물건을 존중하며 사용합니다.

방 안을 빙 둘러보고, 주객을 바꿔 자신에게도 질문을 던져 봅시다. 나도 이 많은 물건을 제대로 Serve하고 있나요? 본래의 가치를 제대로 발휘할 수 있도록 하고 있나요? 서로의 존재와 역할을 바로잡을 때, 개수와는 상관없이 물건과 공생하는 미니멀라이프가 시작됩니다.

| 19 | 옷을 손질하는 마음 |

옷의
보풀을
제거합니다.

작년에 산 가디건이 있습니다. 3-4만 원만 되어도 벌벌 떠는 제가 무려 10만 원 가까이 주고 산 옷입니다. 넉넉한 품에 두께가 있어 스웨터 대신 입기에도 좋고 외투로 걸치기에도 좋아 자주 입은 탓에 불과 1년 사이에 보풀투성이가 되고 말았습니다.

원래는 옷에 보풀이 일어도 무시하고 계속 입는 사람입니다. 하지만 이 옷은 처음부터 오래 입으려던 심산이었기에 처음으로 보풀이란 걸 제거해 볼까 싶었습니다. 슬슬 주변에서도 한두 명씩 보풀에 대한 핀잔을 할 정도로 복슬복슬해져 더 이상 미룰 수 없었습니다.

설을 맞아 본가에 내려왔을 때, 면도기로 보풀을 제거할 수 있다는 엄마의 말에 기회다! 하는 생각이 들었습니다. 바닥에 가디건을 조심스레 깔고 호기롭게 시작했습니다. 한쪽 소매만 다듬는데도 오랜 시간이 걸렸습니다. "원래 이렇게 수고가 많이 드는 일이야?"하고 하소연했더니 엄마가 새삼스럽다는 듯 그럼, 당연하지, 하더군요.

드라마틱하진 않지만 손길을 반복할수록 깔끔해져가는

모습을 보니 점점 의욕이 불타올랐습니다. 서둘러 끝내려던 마음이 바뀌어, 어느새 시간 가는 줄 모르고 정성껏 손질에 몰두했습니다. 그러는 동안 보풀이 생겼다는 이유로 버린 지난날의 옷이 떠오르면서 스물스물 미안한 마음이 들었습니다.

"비싼 걸 사면 이런 점이 좋은 것 같아. 2만 원 정도 되는 가디건이었다면 그냥 새로 샀을 텐데, 비싸다는 이유로 손질을 해서라도 오래 입게 되니까." 엄마를 향해 이렇게 말했습니다. 시간과 수고를 들여 손질하는 과정에서 옷에 대한 감사함과 애틋함이 생겼습니다. 보풀이 가라앉은 가디건과 실밥 한 뭉텅이를 바라보니 무척 뿌듯했습니다. 한껏 단정해진 가디건을 입고 부지런히 돌아다닐 이번 겨울이 기대되었습니다.

사실 오늘은 제 생일입니다. 저에겐 생일의 징크스가 하나 있습니다. 생일에 입었던 옷은 얼마 가지 않아 버리게 된다는 것입니다. 당시에는 생일을 위해 골라 입었을 만큼 아끼는 옷이었는데도 말입니다. 하지만 오늘은 어쩌다 보니 옷에 새 생명을 불어넣은 소중한 의식을 치렀습니다.

이 의식 덕분에라도 징크스를 깰 수 있을 것 같은 좋은 예감이 듭니다.

보풀이 아니더라도 옷을 입다 보면 다양한 문제와 마주칩니다. 그런 옷들을 우리는 어쩔 수 없다는 마음과 이 기회에 새로 사고 싶다는 마음으로 훌렁 떠나보내곤 합니다. 물론 모든 옷을 수고를 들여 수명을 연장할 필요는 없습니다. 다만 오래오래 입고 싶은 옷이라면 정성껏 손질하며 옷과 가까워지는 시간을 가져 보면 어떨까요? '그냥 새로 사지 뭐' 하는 마음이 드는 저렴한 옷 10벌보다 아까워서든 마음에 들어서든 오래 입고 싶은 좋은 옷 1벌을 신중히 구매하는 습관을 들여 봅시다.

추신. 퇴고를 할 무렵, 또 겨울이 돌아왔습니다. 가디건은 아직 잘 있습니다.

20 친구와 만날 때의 마음가짐

즐겁게
노는 것만을
생각합니다.

돈이 부족할 때 가장 절약하는 것은 식비입니다. 식비를 줄이기 위해 요리를 시작했지만, 하다 보니 재미가 들려 어느덧 2년째 거의 모든 끼니를 손수 만들어 먹고 있습니다. 그래서 마음만 먹으면 한 달 식비를 10만 원 이내로도 충분히 해결할 수 있습니다.

한편 제가 가장 많이 지출하는 것은 '만남비'입니다. 친구를 만나서 쓰는 비용을 일컫는 말입니다. 기본적으로 친구를 만나는 날에만 외식을 하기에, 그때의 식비는 친구를 만나지 않았다면 쓰지 않았을 비용이므로 만남비로 분류하고 있습니다. 친구와 함께 식사를 하고 카페에 가거나 술 한 잔 하는 비용까지 일일이 따져가며 식비를 절약하고자 안간힘을 쓰지 않기 위해서입니다.

처음부터 그랬던 것은 아닙니다. 막 대학에 입학했을 시절에는 습관처럼 이렇게 말했습니다. "최대한 저렴한 데서 먹자", "둘 중 더 싼 데로 가자." 하지만 점차 이런 생각이 들었습니다. 매번 나를 만날 때마다 차선의 선택지를 골라야 한다면, 친구는 과연 나와 만나는 시간이 즐거울까? 그 이후로 친구와 외식을 할 때는 무리하지 않는 선에서 조금은 편안한 마음으로 지갑을 열기로 마음 먹었습니다.

그러자 한끼 식사에 드는 비용의 의미도 다르게 느껴지기 시작했습니다. 가령 만 원짜리 음식을 먹는다면, 예전에는 그 금액을 오롯이 음식에만 할애하는 비용이라고 생각했습니다. 그러나 사실 그 만 원에는 친구와 마주하고 앉아 즐거운 시간을 보내는 비용까지 포함되어 있는 것입니다. 커피 한 잔의 값이 단순히 커피만의 비용이 아니라, 2시간 정도 머물 수 있는 자리값이 포함된 비용인 것처럼 말입니다. 조금 부담스러운 가격대의 식당에 가더라도 친구와 함께 즐거운 시간을 보내는 데 쓰는 비용이라고 생각하니 흔쾌히 지불할 마음이 들기 시작했습니다.

친구가 만나자고 할 때 흔쾌한 마음으로 응하는 것은 '너와 즐겁게 놀 준비가 되어 있어'라고 알리는 의미입니다. 그날에는 시간적으로든 재정적으로든 너와의 만남을 위해 기꺼이 마음을 할애할 수 있다고 약속하는 것과 같습니다. 그러니 만남에 응했으면 기쁜 마음으로 친구와 즐거운 시간을 보내는 데 집중합시다. '나 돈 없어', '최대한 싼 거 먹자'라고 말할 정도로 곤궁하다면 애초에 약속을 미루는 방향을 고려해야 하는 것입니다. 나의 어리광을 친구가 감당해야 할 필요는 없으니까요. 형편껏 차선을 선택하는 부담은 스스로 져야 할 몫입니다.

그래서 친구를 만나는 날만큼은 허리띠를 졸라매고 일일이 가격을 따지는 짓은 하지 않습니다. 편안하고 자유로운 분위기에서 서로가 원하는 것을 골라 즐겁게 즐기는 것. 친구와 만나는 시간에 대한 존중과 감사를 표현하는 기본입니다. 물론 가격이 너무 부담스럽다면 솔직히 말해도 괜찮습니다. 매번 가랑이가 찢어질 만큼 무리해서 만나야 하는 친구라면 점점 멀어지고 말지도 모르니까요.

친구를 만날 때는 누구도 부담을 느끼지 않는 선에서 최대한 즐겁게 노는 것만을 염두에 둡니다. 만날 때마다 기분 좋은 시간을 보낼 수 있도록 힘쓰는 것. 이 단순한 마음가짐이 친구와 오래도록 연을 이어갈 수 있는 비결입니다.

21 '생활'이라는 것의 의미

내 손으로
직접
해 봅니다.

"너 예전에 미싱했던 곳이 어디야?" 얼마 전 친구에게서 이런 연락을 받았습니다. 난데없이 웬 미싱이냐고 물었더니 사이즈가 큰 옷을 직접 리폼해 입어 보고 싶다고 하더군요. 그리고 며칠 후 실제로 제가 알려 준 미싱 공방에 가고 있다는 연락이 왔습니다. "오, 완성되면 보여줘"하고 답장을 보냈습니다.

친구의 첫 미싱 여정은 블로그를 통해 샅샅이 들여다볼 수 있었습니다. 글에는 이렇게 적혀 있었습니다. "그동안 옷을 사면서도 '왜 직접 만들어 입지 못하지?'라는 생각이 들었다." 인상 깊었던 문장은 이렇습니다. "내 주위를 둘러싸고 있는 것은 내 손을 거치는 것이 더 정감이 간다." 미싱에 도전하기 전에는 집에서 직접 빵을 만들어 보기도 했답니다. 최근에 고향의 한 카페에서 만났을 땐, 자신이 직접 수선한 맨투맨을 입고 와 저를 놀라게 했습니다.

며칠 전 오랜만에 영화 <리틀포레스트>를 다시 보았습니다. 코모리에서 농사를 지으며 생계를 꾸려가는 청년 유우타는 이렇게 말합니다. "자신이 몸으로 직접 체험해서 그 과정에서 느끼고 체험해서 배운 것. 자신이 진짜 말할 수 있는 건 그런 거잖아. 그런 걸 많이 가진 사람을 존경하고 믿어." 그 말을 들으며 친구가 옷을 직접 수선해 입고 집에서 빵을 손수 구워 보았다는 이야기가 다시 떠올랐습니다.

내 손으로 만들어 과정을 오롯이 지켜본 것들로 나의 일상을 둘러싸는 일. 그것은 비단 삶에 대한 애정만으로는 불가능합니다. 그 이상의 것이 필요합니다. 그것은 나의 삶을 능동적으로 개척해 나가겠다는 책임일 수도 있고, 나만의 의미를 찾겠다는 낭만일 수도 있습니다. 남의 손을 빌리지 않고 나의 손으로 직접 일상을 꾸려가는 것. 사물과 일의 동작을 감각하고 내 손에 무르익게 하는 것. 그걸 두고 우리는 무어라 부를 수 있을까요?

바로 '생활生活'입니다. 모든 것이 살아 움직이는 일상의 무대 말입니다. 생활을 즐겁게 꾸려나가기 위해서는 잠든 일상의 사물들을 손수 두드려 깨워야 합니다. 직접 무언가를 해 본다는 것이 꼭 거창한 스킬을 배워야 한다는 것은 아닙니다. 중요한 것은, 내 손을 거쳐 어떤 과정을 직접 일궈 보는 것입니다.

커피를 테이크아웃해서 마시는 대신 직접 핸드드립으르 내려마시는 것, 드라이클리닝을 맡기는 대신 직접 옷의 보풀을 제거하는 것, 세탁기를 돌리는 대신 직접 손빨래를 하는 것 등 일상의 소소한 작업들을 가끔씩은 시간과 수고를 들여 내 손으로 해 봅니다. 지금은 돈을 지불하기만 하면 모든 것을 뚝딱 해결할 수 있는 편리한 시대입니다. 하지만 그 대가로 우리가 잃어 온 것은 '과정'이라는 풍요로운 생활감이 아닐까요? 아웃풋 이전에 인풋이 있습니다. 이러한 당연한 사실을 잊는다면 우리는 끊임없이 아웃풋만을 쫓으며 '다음'만을 외치게 될 것입니다.

발밑을 바라다보면 풍요로운 풍경이 있습니다. 그 풍경을 직접 손으로 그려 보는 것과 프린터로 간편히 인쇄하는 것에는 큰 차이가 있습니다. 일상을 이루는 것들을 두 손으로 직접 만지고 경험하는 감각은 인풋의 세계와 만나는 소중한 지혜를 안겨다 줍니다. 생각보다 손에는 많은 것이 뱁니다. 생활을 무르익게 하는 두 손을 의지해 보세요.

22 빛과 그늘의 하모니

자연스러운
어둠을
음미합니다.

어릴 적 해가 진 늦은 시간까지 불을 켜지 않고 방 안에서 사부작거리고 있으면 꼭 듣는 소리가 있었습니다. "아직까지 불도 안 켜고 뭐 해? 어둠의 자식도 아니고."

저는 그 '어둠의 자식'을 자처하는 사람입니다. 빛을 싫어해서가 아니라 사랑하기 때문입니다. 집을 볼 때 가장 중요하게 여기는 것은 채광, 살면서 절대로 사지 않을 것 같은 물건 1순위는 암막커튼일 정도로 햇빛을 좋아합니다. 때로는 저녁이 되어 방 안이 캄캄해져도 형광등을 켜지 않고 버티기도 합니다.

때를 기다리는 마음으로 고요히 그늘의 궤적을 좇다 보면 어느새 방이 확 어두워집니다. 최후의 수단으로 캔들 워머를 켜 얼마간 더 버티고 나서야 형광등을 켭니다. 물건들 사이사이 드리워져 있던 그림자가 내쫓기듯 홱 달아나는 순간, 사물의 고유한 명암을 빼앗아 가는 인공광이 얼마나 얄미운지 모릅니다.

비 오는 날에도 집 안의 불을 켜지 않고서 어둑어둑한 분위기를 즐깁니다. 책을 읽을 때도 캔들 워머의 작은 불빛에만 의지합니다. 명암의 대비가 옅어지고 물건들의 경계가 희미해져, 방 안의 풍경이 마치 북유럽 작가가 그린 한 폭의 서늘한 정물화가 된 듯합니다. 평소보다 유난히 퇴색된 사물들의 침묵에 귀기울이다 보면, 어쩌면 빛이 소리를 품고 있는지도 모르겠다는 생각마저 듭니다.

우리는 늘 자연을 내쫓는 생활을 합니다. 아침부터 불을 환하게 밝힌 사무실에 출근해, 하루동안 해가 어느 방향으로 기우는지 알아채지 못한 채로 저녁을 맞이합니다. 비 오는 날이면 유독 창백한 형광등 아래 머물며, 낮인지 저녁인지 모를 어두운 바깥을 외면합니다. 하루는 대낮에 지인의 집에 방문했다가 충분히 밝은데도 형광등이 환히 켜져 있어 놀란 적도 있습니다.

물론 본연의 빛깔이라든가 있는 그대로의 밝고 어두움은 아무래도 좋고, '쨍하니 밝은 것'이 개운해서 좋은 사람도 있을 것입니다. 그러나 인공적으로 연출된 생활에 과도하게 노출되어 있지 않은지 한 번쯤 돌아보는 것은 중요하지 않을까요?

우리의 감각은 자연의 리듬에 맞춰 설계되어 있습니다. 스위치를 딸깍 누르기만 해도 곧장 어둠을 물리칠 수 있는 조명에 의지하는 것은 편리하지만, 그 대가로 누리지 못하는 자연스러움의 미학이 숨어 있는지도 모릅니다.

집 안은 컴컴해졌지만 보일 건 보이는 해 질 무렵, 매직아워 직후의 그 시간은 제가 보물처럼 여기는 소중한 시간입니다. 이 순간에만 느낄 수 있는 정취를 느끼기 위해 저는 자주 사부작거립니다. 문득 생각나는 사람에게 편지를 쓰기도 하고, 아끼는 책을 읽거나 미뤄둔 소설을 쓰기도 합니다. 불을 켜는 순간부터 저의 저녁은 시작됩니다. 자연이 데려와 주고, 스스로 준비해 맞이한 진짜 저녁이 말입니다.

화창한 날, 흐린 날, 비 오는 날에 따라 자연은 다채로운 빛깔을 품고 있습니다. 시시각각 변하는 자연의 빛과 일상 속 풍경 이루어내는 하모니를 소중히 여겨 봅시다. 의외로 당신도 햇빛을, 그리고 햇빛이 저문 이후의 그늘을 사랑하고 있었을지도 모릅니다.

23   물건에 마음이 빼앗겼을 때

좋은 물건은
손이 먼저
동합니다.

좋은 물건은 마음이 동하는 것. 오랫동안 그렇게 생각했습니다. 마음에 드는 옷을 발견했을 때 '갖고 싶다'라는 생각이 드는 것은 마음이 동하는 것이라고 말입니다. '마음에 들다'라는 표현도 있듯이요. 하지만 정말 좋은 물건은 마음이 아닌 손이 동한다는 걸 깨달은 것은 일본민예관에 방문했을 때였습니다.

도쿄에 있는 일본민예관은 사상가 야나기 무네요시가 일생 동안 수집한 옛 공예품과 민예품을 전시한 공간입니다. 그의 시선이 닿은 옛 물건들을 감상하면서 저는 연신 감탄했습니다. 어떻게 당시 민중들은 저렇게나 아름다운 형태와 무늬, 질감을 가진 일용품들을 만들었을까 하고요. 상상으로는 벌써 손을 뻗어 만져보고 그 무게와 촉감을 가늠하고 있었습니다. 몇 세기 전 저 도자기를 다듬었을 투박하고도 혼이 서린 손길이 제 손 위로 겹쳐 오는 듯한 신비로운 느낌에, 손끝에서 짜릿한 전율이 느껴졌습니다.

그때 어렴풋이 깨달았습니다. 일상 속에서 단순히 '갖고 싶다', '사고 싶다'라는 마음이 드는 물건은 욕정에 의해 마음이 동하는 것이지만, 정말 잘 만들어진 물건은 손이 먼저 동한다는 것을요. 나의 손이 저 물건을 '타고' 싶어 안달을 냅니다. 손이 동하는 물건은 주로 이런 물건입니다. 생김새는 단순하지만 자세히 들여다보면 형태와 선이 우아하고 짜임새가 조화로운 물건들 말입니다.

그런 의미에서 그동안 흥미를 느끼지 못했는데 이곳에서 새롭게 눈에 띈 물건이 있었습니다. 의자와 주전자입니다. 연출할 수 있는 형태가 아주 자유롭지는 않지만, 그렇기에 서로 다른 형태와 빛깔, 질감이 더욱 돋보입니다. 이런 종류의 물건은 틀에서 과하게 벗어나지 않으면서도 개성은 뚜렷합니다. 그런 물건들을 감상하며, 마음이 동하여 사들인 물건이 100개 있는 집보다 손이 동하는 물건이 1개 있는 집이 더 근사하게 느껴질 것 같다고 생각했습니다.

며칠 뒤, 미나미아오야마의 구석진 곳에 자리한 도자 편집숍을 찾았습니다. 흙을 닮은 그릇들이 놓인 가운데, 한 남성이 유리컵 하나를 손에 쥔 채 연신 고민하고 있었습니다. 단순하고 투명한 유리컵이었습니다. 누군가는 '평범하잖아' 하고 지나칠 만한 컵이지만, 그는 분명 장인의 손길이 깃든 모양새를 알아보고 반해버린 것이겠지요. 손가락을 컵의 표면에 조심스레 대어 보고 부드럽게 감싸 쥐어도 보고 옆 테이블에 올려 놓아 그릇들 사이에서의 존재감을 확인하는 등 손으로 느낄 수 있는 것은 부단히 시도해 보는 중이었습니다. 그 모습이 괜스레 반가워 속으로 외쳤습니다. '당신도 아는군요. 좋은 물건은 자고로 손이 먼저 동한다는 것을!'

그가 과연 컵을 살 것인가 궁금해져 한동안 주변을 어슬렁거렸지만, 결국 그는 컵을 제자리에 내려 놓고 서류가방을 든 채 덤덤히 걸어 나갔습니다. 손이 먼저 동해버린 물건을 일상에 들일지 말지 신중히 고민하는 누군가의 모습은 애틋하구나 하고 느꼈습니다.

마음이 동한 물건은 잽싸게 낚아채게 되지만, 손이 동한 물건에는 어느 때보다 신중해집니다. 그것이 놓일 자리에 대한 존중을 갖추게 됩니다. 귀한 물건을 내 삶으로 들이는 일이니까요. 그런 물건을 제대로 알아보는 안목을 기르고, 그런 물건으로 집 안을 채우고 싶다고 생각한 시간이었습니다.

24 옷과 연을 맺는 법

옷을 살 때도
첫인사가
있습니다.

환경에 대한 의식이 높아지면서 우리는 물건을 살 때 어떤 소재인지 확인합니다. 플라스틱보다는 나무 식기를 사고, 비닐봉지 대신 종이봉투를 사용하고, 비건이 화두가 된 이후로 식물성 소재를 선호하기도 합니다. 하지만 유독 간과하고 있는 것이 있다면, 다름 아닌 옷이 아닐까요?

<옷을 위한 지구는 없다>라는 KBS 다큐멘터리를 보았습니다. 보는 내내 충격으로 입이 떡 벌어졌습니다. 버려진 옷들이 자연을 잠식해 가는 장면은 그야말로 비주얼적인 쇼크였습니다. 미처 몰랐던 정보도 몇 가지 알게 되었는데요. 옷의 원료로 쓰이는 '폴리에스테르'가 플라스틱 페트병과 같은 소재라는 것입니다. PET를 틀에 굳혀 병이 되면 페트병이고, 실로 뽑으면 섬유가 되는 것입니다.

내가 그동안 입어 왔던 게 페트병이라니! 페트병은 철저히 재활용해 온 주제에 옷은 경각심 없이 아무렇게나 입고 버려왔습니다. 마침 오늘 입었던 가디건의 라벨을 살펴보니, 아크릴 80%에 폴리에스테르 20%더군요. 오늘 저는 플라스틱을 입고 나갔다 온 것이나 다름없는 것입니다.

평소 물건을 살 때 어느 나라에서 만들었는지 꼭 확인하는 습관이 있습니다. 아무리 마음에 쏙 든 물건이라도 밑바닥에 적힌 'Made In China'를 발견하면 도로 내려놓습니다. 중국에서 생산된 대부분의 제품이 값싼 노동력으로 공장에서 대량생산된 것이라는 사실을 알기 때문입니다. 생산자가 세심히 만든 물건이 아닌, 그저 소비당하기 위해 최대한 많이 똑같은 모습으로 찍어낸 물건. 그런 물건을 들이는 것을 경계하고 싶어 생긴 저의 소비 습관입니다.

하지만 옷의 소재를 확인한 적은 좀처럼 없습니다. 패션에 대해 박식한 사람이 아닐 뿐더러, 어떤 소재가 좋고 감촉이 어떻고 환경에 이로운지 잘 모른다는 이유에서였습니다. 하지만 잘 모른다는 이유로 알아보려 하지 않았던 것은 무책임한 것이 아니었을까요.

외국에서 온 사람을 만나면 "Where are you from?"하고 묻습니다. 어디에서 자랐는지가 그에 대해 많은 것을 알려주기 때문입니다. 이후에는 그가 무엇을 좋아하고 어떤 일을 하는지를 물으며 더 알아갑니다. 그렇다면 옷을 살 때도 그런 질문을 던질 수 있지 않을까요?

사람과 연을 맺는 것처럼, 옷과도 연을 맺을 수 있습니다. 한철 입고 버리는 소모품이 아니라 오래 곁에 두고 나를 지지해줄 옷을 만나야 합니다. 하물며 금방 지나칠 타인고도 그가 어디에서 왔는지 물으며 알아가는데, 매일 몸에 걸칠 옷을 관심 있게 살피지 않을 이유가 있을까요.

옷이 나를 빛나게 해 주는 도구라는 말은 옷을 잔뜩 사서 뽐내라는 말이 아닙니다. 내가 어떤 사람인지 말해줄 수 있는, 제대로 된 출처와 이야기를 품은 옷을 골라 함께해야 한다는 뜻입니다. 그러기 위해서는 옷이 어떻게 여기까지 왔는지, 어떤 소재로 만들어졌는지 살펴 보는 습관을 길러야 합니다. '이렇게 생산된 옷은 사지 않는다'는 나만의 규칙을 만들어 보는 것도 좋겠습니다. 내가 구매하는 옷의 생산부터 폐기까지의 과정을 책임지는 자세를 길러 봅시다.

이제부터 옷을 처음 만나면, 이렇게 인사를 건네 봅시다.
"Where are you from?"

25 성의를 표현하는 방법

옷차림도
업무의
일부입니다.

에디터로서 일했을 때 화장을 하고 옷을 세련되게 차려입은 날은 손에 꼽습니다. 보통은 맨 얼굴에 머리를 질끈 묶고 편한 옷을 입고서 하루종일 키보드를 두드릴 뿐입니다. 하지만 그러다가도 한껏 멋을 부린 채 출근하는 날이 있습니다. 바로 인터뷰나 취재 약속이 있는 날입니다. 인터뷰이나 브랜드를 만나 이야기를 나누는 때만큼은 어엿한 회사의 얼굴이니까요. 특히 디자인 분야의 에디터인만큼 나름 감각적인 이미지를 보여줘야 한다는 사명감도 있었습니다.

그러다 하루는 아침에 일어나는 게 너무 버거워, 오후에 인터뷰 약속이 있다는 것을 알면서도 화장도 하지 않고 출근했던 적이 있습니다. 회사 근처 카페에서 움츠러든 모습으로 기다리고 있다가 상대와 첫인사를 나눴습니다. 웃으며 인사했으나, 속으로는 정중하게 차려입고 온 그녀를 본 순간 무척이나 면목이 없었습니다. 평소처럼 화기애애한 분위기 속에서 인터뷰를 성공적으로 마쳤지만, 그녀는 몰라도 저는 알았습니다. 괜히 떳떳하지 못하고 개운치 않은 느낌이 인터뷰 내내 따라다녔다는 것을요. 그 사건 이후로 앞으로 인터뷰나 취재가 있을 때는, 상대를 존중하는 마음을 표하는 의미에서라도 시간을 들여 말끔히 차려입고 출근해야겠다고 다짐했습니다.

갑자기 이 일화가 떠오른 것은 드라마 <대행사>에서 극 중 고아인 상무가 배원희 카피라이터에게 한 대사 때문이었습니다. 평소 후줄근한 차림새로 다니는 배원희는 업무를 잘하는 것과는 별개로 광고주 미팅이라는 업무에 있어서는 인정받지 못합니다. 그런 그녀에게 고아인은 이렇게 말합니다. "파자마 입고 뉴스 진행하는 앵커 봤어? 광고주가 대행사 직원에게 요구하는 이미지가 있으면 그 이미지를 보여주는 것도 일종의 업무 아닌가?"

업무를 하는데 불편함을 주는 과도한 복장 규율은 바람직하지 않지만, 때로는 옷이 사람의 인상을 결정하는 중요한 순간도 분명히 존재합니다. 상황에 맞는 차림새는 분위기를 자연스럽게 만들고 업무를 대하는 마음가짐도 바르게 합니다. 옷을 말끔히 차려입었을 때 스스로 느끼는 떳떳함이 있기 때문입니다. 옷을 제대로 차려입음으로써 발휘할 수 있는 업무의 효율은 곧 그 사람의 역량이 됩니다.

옷을 단순히 잘 차려입는 것을 넘어 소소한 즐거움을 위한 저만의 TPO 룰도 있습니다. 취재를 하는 전시나 공간, 브랜드의 이미지에 맞게 옷을 차려입고 가는 것입니다. 온통 검은색의 작업을 하는 가구 디자이너를 만날 때는 검은색 스커트, 크리에이터 미디어 기업과 만날 때는 보라색 점프 슈트, 캐주얼한 의류 브랜드의 디자이너와 만날 때는 디스코 청바지를 입었습니다. 상대는 그러한 저의 연출까지 헤아리지는 못했겠지만, 제 방식으로 존중을 표하는 작은 성의였던 셈입니다.

회사를 나와 프리랜서로 글을 쓰는 지금은 전보다 보이는 이미지에 신경을 써야 할 일은 줄었지만, 여전히 업무와 관련된 일에는 TPO의 중요성을 잊지 않으려 노력합니다. 옷차림으로 증명할 수 있는 나의 역량도 있다는 것을 유념합니다. '일만 잘하면 되지. 그것까지 신경써야 해?'라고 볼멘소리를 하는 사람도 있겠지만, 오히려 업무로만 증명하는 것보다 쉬운 길일지도 모릅니다.

26 닦는 행위는 수련의 행위

살림 도구를
깨끗이
닦습니다.

저는 잘 쓸고 닦는 사람은 아닙니다. 최근에야 깨끗한 생활에 관심이 생겨 카펫 위의 머리카락을 쓸어 줍고 있지만, 원래 손발이 부지런한 편은 아닙니다. 집 안에 있는 청소 도구라고 하면 미니청소기나 돌돌이뿐, 쓸기보다는 닦기에 더 취약한 타입입니다.

얼마 전 졸업 전시를 끝내고 그동안 엉망으로 방치해 둔 방을 한동안 열심히 쓸고 닦았습니다. 특히 세탁기나 냉장고도 닦아 보자는 청소 영상을 보고 처음으로 가구와 전자 제품 구석구석까지 닦았습니다. 손댈 엄두가 나지 않는 먼지 쌓인 창틀도 눈을 질끈 감고 도전했습니다. 먼지가 닦여 깨끗해진 자리를 보는 게 점점 신이 나 평소 눈길조차 주지 않던 바닥과 현관까지 열심히 닦았습니다.

그렇게 집 안 곳곳을 닦다 보니 평소에 청소를 열심히 하는 살림 9단도 손대지 않을 법한 구석을 발견했습니다. 바로 '굳이 깨끗할 필요 없는' 생활용품입니다. 예를 들면 세제와 섬유유연제 통, 쓰레기통, 락스 통 같은 것입니다. 표면에 먼지가 쌓여도 세제나 락스는 안에 있는 용액만 잘 나오면, 쓰레기통은 쓰레기를 휙 던져 넣으면 그만입니다.

하지만 손에 닿는 더러움이란 은근히 찝찝하지 않은가요? 먼지가 가득 낀 섬유유연제 통이나 청소 용품을 쥐려고 하면 '으'하는 볼멘소리와 함께 손끝이 절로 오그라듭니다. 물때로 얼룩진 욕실 쓰레기통에 웬만하면 손을 대지 않고 휴지를 버리기 위해 교묘한 스킬을 쓰기도 합니다. 물론 표면이 더러워졌다고 해서 물건의 기능을 잃는 것은 아니기에 크게 불편한 것은 아닙니다. 하지만 살림의 도구들이 쾌적하지 않으니 손을 뻗기 주저되고, 그렇게 청소를 더 자주 하지 않게 되는 악순환을 만드는 건 아닐까요?

손을 뻗기 망설여지는 것. 그것은 쾌적한 생활에 있어서 꽤 치명적인 걸림돌입니다. 망설임 없이 도구들을 잡고 쾌적하게 살림을 해나가는 모습을 상상해 봅시다. 가벼운 동작 속에 청소 습관이 자연스럽게 뱁니다. 그러한 손길로 훑고 간 집 안의 풍경은 하나하나 맑고 상쾌해집니다.

집 안을 한 번 둘러봅니다. 평소에 더러워서 만지기 싫었던 물건들이 있나요? 혹은 굳이 깨끗할 필요가 없다는 생각에 미처 한 번도 닦아 보지 않았던 가구가 있나요? 그렇다면 이번 주말에 한바탕 깨끗이 닦아 봅시다.

닦는다는 것은 일종의 수련과 같은 행위입니다. 내 마음의 때를 닦는다는 마음으로 손에 닿는 물건을 하나하나 닦아봅니다. 그렇게 빤닥빤닥 잘 닦인 물건들을 보면 명상 후에 찾아오는 것과 같은 고요한 기쁨이 한 척의 조각배처럼 가슴 안에 두둥실 떠오를 것입니다.

27 물건에 갖는 주인의식

옷을 직접
커스텀
해 봅니다.

오랜만에 방 청소를 하다가, 며칠 전 내다 버릴 심산으로 현관 앞에 둔 청바지가 눈에 띄었습니다. 마지막으로 한 번 더 고민해 보기 위해 거울 앞에 섰습니다. 그런데 웬걸, 생각보다 편하고 핏이 좋았습니다. 마음을 고쳐먹고 다시 잘 입어야겠다고 마음 먹은 그때, 한 가지 거슬리는 부분이 시야에 들어왔습니다. 바로 바지 밑단에 달린 엉킨 실이었습니다.

그동안에는 원래 디자인이 그러한 바지라 생각하며 입었지만, 실은 그 실 때문에 불편했던 적이 한두 번이 아닙니다. 바지 속에 다리를 넣을 때마다 발이 실 사이에 걸려, 매번 다시 뺐다 넣어야 했습니다. 또 단정한 차림을 좋아하는 저로서는 실이 태슬처럼 달린 디자인도 마음에 들지 않았습니다. 그러다 문득 '그럼 직접 이 실을 잘라내 보자'라는 생각이 들었습니다.

가위를 들고 5분이 채 걸리지 않은 재단 끝에, 한층 말끔해진 청바지가 뚝딱 완성되었습니다. 고작 밑단의 실을 제거한 것뿐인데 새 옷이 된 것 같았습니다. 버릴까 망설였던 적은 언제고 손수 커스텀했다는 사실에 애틋해지기 시작했습니다. 뿌듯한 심정으로 청바지를 이리저리 살펴 보다가, 그동안 어떤 사소한 요소가 마음에 들지 않는다고 버리거나 타협하며 입었던 옷들이 떠올랐습니다.

우리는 보통 옷을 사면 그 모습 그대로 입습니다. 이미 완성된 옷을 샀다고 생각하기 때문입니다. 마음이 안 드는 부분을 직접 바꿔 보거나 취향에 따라 커스텀을 할 수 있다고 미처 생각하지 않습니다. 하지만 비록 완제품일지라도 나의 생활의 일부가 되는 순간부터 얼마든지 변화무쌍하게 변신할 수 있습니다.

다 좋은데 단추가 마음에 들지 않아 유치한 느낌이 드는 가디건, 모자를 떼어내면 더 편할 것 같은 패딩, 길이감이 조금 아쉬운 티셔츠, 장식으로 달린 리본 등 사소한 눈엣가시 때문에 옷장 속에 처박히게 된 옷들이 있습니다. 이대로 그 옷들과의 연을 끊는 것은 아쉽지 않나요? 가위로 5초 만에 쓱싹 잘라내기만 해도 새로운 옷 하나가 탄생할지도 모르는데요.

마음에 들지 않는 디테일을 나에게 맞게 수정해 나간다.

그러한 원칙은 비단 옷에만 적용할 수 있는 것이 아닙니다. 가방, 가구 등 주변을 둘러보면 세상에 단 하나뿐인 것으로 변신시킬 수 있는 물건들이 가득합니다. 하다 못해 업무 프로세스에도 적용해 볼 수 있습니다. 이런 마음가짐이야말로 내 생활과 물건에 주인의식을 갖는 소중한 태도가 아닐까요? 자, 두려워 말고 과감하게 수선을 시도해 봅시다.

집을 위한
월동 준비를
합니다.

지금 사는 자취방은 7-80년대 지어진 전형적인 다세대주택입니다. 그렇기에 아무리 리모델링을 해도 감춰지지 않는 세월의 흔적이 있습니다. 벽의 곰팡이나 매서운 외풍도 그중 하나지만, 가장 큰 골칫거리는 옷장의 결로입니다.

2년 전 이 집에 처음 들어왔을 때, 옷장을 한바탕 뒤엎어야 했던 크나큰 사건이 있었습니다. 겨울을 무사히 치르고 봄이 다가온 3월, 옷장 깊숙이 넣어 두었던 옷을 꺼낸 순간 멀쩡히 보관되어 있을 거라 생각했던 옷이 전부 곰팡이로 뒤덮여 있었습니다. 그 당시엔 결로가 원인이라는 것을 모르고, 단지 옷장 속에 습기가 많다고만 생각해 습기제거제를 하나 넣어두었습니다.

그렇게 1년이 지나고 또다시 겨울이 돌아왔습니다. 습기제거제도 새로 두었으니 만반의 준비를 갖췄다고 생각했는데, 맙소사! 옷장 속에서 외투를 꺼내다 또다시 옷을 뒤덮은 곰팡이를 마주했습니다. 잔뜩 상심해 옷을 다 꺼내보니, 벽장 내부에 물이 흥건했습니다. 물방울이 송골송골 맺히다 못해 폭포처럼 줄줄 흐르고 있었습니다. 옷장이 벽에 고정된 채 마감된 구조라, 겨울엔 실내외 온도 차로 인해 고스란히 옷장 벽에 결로가 생기는 것이었습니다.

한바탕 옷장 안의 물기를 닦고 난 뒤, 특단의 조치를 취했습니다. 안쪽 벽면에 온통 뽁뽁이를 붙이는 것이었지요. 벽과 뽁뽁이 사이엔 습기가 차더라도 물기가 옷에 직접 닿지는 않으리라는 묘안이었지만, 그 또한 얼마 가지 않았습니다.

하는 수 없이 앞으로 일주일에 한 번씩 옷장 속 물기를 닦고 하룻밤 정도 옷을 바깥에 꺼내두는 것을 겨울이 끝날 때까지 반복하기로 했습니다. 번거롭기 짝이 없는 이 옷장 관리 루틴을 감내하기로 한 것은, 반쯤은 체념 반쯤은 포용하는 마음이기도 하지만, 결점도 사랑하며 이 집을 품어야겠다고 결심했기 때문입니다. 이 집에서 생활하는 자로서 이러한 수고로움을 저만의 슬기로운 겨울나기를 위한 의식으로 삼기로 했습니다.

생각해 보면 옛 조상들은 겨울마다 월동준비에 힘썼습니다. 찬바람을 나기 위해 매년 집 곳곳을 손보고 지붕을 수리했습니다. 조상까지 올라갈 필요가 있을까요. 지금도 자취를 하는 많은 친구들이 각자 자기 방의 단점을 보완하기 위해 창의적이고도 수고로운 규칙들을 만들고 있습니다. 친구 윤정이는 욕실의 습기 때문에 환풍구와 연결된 전등 스위치를 24시간 켜두고, 은지는 겨울마다 추위를 막기 위해 고층뷰가 매력인 오피스텔의 커다란 통창에 죄다 뽁뽁이를 붙입니다.

생활이라는 것은 어쩌면 이런 것인지도 모르겠습니다. 어쩔 수 없이 타협하거나 감내해야 하는 부분들로부터 도망가는 대신, 그것을 자신만의 습관과 규칙으로 승화시켜 나가는 것 말입니다. 견딜 수 없는 단점도 너그럽게 품어 보고, 한결 쾌적하고 창의적으로 보완할 수 있는 방법을 고민하는 과정에서 나의 고유한 생활력이 길러집니다. 그렇게 나만의 방법으로 집을 길들여 가는 동안 살림의 기술도 쑥쑥 자라나는 법이 아닐까요?

매 계절을 지나며 장점은 즐기고 단점은 거듭 보완해 가면서 집과 교감하는 방법을 배워갑니다. 오후에는 단열 벽지와 곰팡이 제거제를 사러 나가야겠습니다. 여러분의 겨울도 수고롭게 안녕하세요.

29 얼굴의 기본

민낯으로
세상과
승부합니다.

매일 탁상 거울로 제 얼굴을, 정확히는 민낯을 바라다봅니다. 딱히 심취할 것도 없는 얼굴일지만 거울을 보며 이런저런 표정을 지어 봅니다. 가장 자연스럽게 미소 짓는 표정, 자신감에 가득 찬 표정 등 의도적으로 나의 가장 기분 좋은 얼굴을 만들어 봅니다.

이 사람, 참 희한한 짓을 하는구나, 하고 생각할지도 모르겠습니다. 하지만 거울을 통해 자신이 발산하는 힘과 분위기를 주체적으로 해석해 보는 것은 뜻깊은 행위입니다. 거울에 비친 상만 봐서는 내면의 불안이나 고민은 헤아려지지 않습니다. 내가 미소를 짓기로 결심만 한다면, 당장이라도 뭐라도 이뤄낼 것만 같은 야심찬 사람의 얼굴만이 보일 뿐입니다. 그 모습을 제 안에 똑똑히 새기며 주문을 겁니다. '바로 저 얼굴이 네가 원하는 것을 이룰 얼굴이야. 너의 기본이 되는 얼굴이야.'

자신의 얼굴에 심취해 거울을 오랫동안 들여다보는 사람은 많지 않습니다. 어쩌다 마주해도 부정적인 말을 쏟아낼 따름입니다. 안경 낀 얼굴 심각하네, 오늘따라 화장이 이상하군, 또 여드름 났네…. 그러는 사이 어느덧 거울 속에는 비난을 듣고 의기소침해진 나 자신이 있습니다. 우리의 무의식에 기억된 자신의 민낯은 늘 그러한 모습입니다. 그렇게 생활이라는, 사회라는, 미래라는, 인간관계라는 전장 앞에 우리는 그렇게 위축된 나를 떠밀어 왔습니다. 그러면서 내가 과연 어떻게 있는 그대로의 모습으로 세상 앞에 당당하게 서기를 바란다는 걸까요?

아침에 일어나 얼굴을 씻으면 나의 민낯과 마주합니다. 새로운 하루를 갓 맞이한 사람의, 어떤 하루가 펼쳐질지 알지 못하는 꾸밈없고 순진무구한 얼굴입니다. 그런 자신의 얼굴을 우리는 서둘러 화장으로 때로는 가면으로 감춰버립니다. 하지만 잠시 멈춰 서서, 거울 속의 민낯을 한 번 지그시 바라봅시다. 꾸며서 아름다워진 얼굴이 아닌, 민낯으로 가장 예뻐 보이는 미소도 지어보고 바라는 내 모습도 상상해 봅시다. 그렇게 바라보고 있으면, 평소와는 다른 모습의 내 모습이 보이기 시작합니다. 내면에는 불안과 고민을 품고서도 겉으로는 어엿하게 세상과 맞서고 있는 든든한 전사의 모습이 보입니다. 그것이 우리가 세상에 내보내야 하는 기특한 나의 얼굴입니다.

자신의 민낯을 마주하고 품을 수 있는 사람은, 그 어떤 모습의 자신으로도 스스럼없이 세상과 마주할 수 있습니다. 오늘은 어떤 모습으로 승부를 겨루고 있나요? 매일 아침, 얼굴을 씻은 나의 얼굴을 보고 이런 주문을 걸어 봅시다.

"나는 이 모습으로 승부한다."

추신. 꼭 민낯이 아니더라도 마음에 드는 본인의 사진을 잘 보이는 곳에 두고 자주 보며 머릿속에 새겨 봅니다.

30 봄을 마중하는 의식

입춘을
맞이하는
마음.

오늘은 입춘입니다. 24절기 중 첫 번째 절기로, 신정과 구정에 이어 세 번째 한 해의 시작입니다. 오늘은 평소보다 일찍 일어난 덕분에 방 깊숙이 드리워지는 햇살을 보았습니다. 볕이 유난히 부드럽고 화사하다 싶었더니, 다름 아닌 입춘입니다.

서양식 달력에 익숙해진 우리에게 절기란 생소한 개념입니다. 입춘이나 동지처럼 자주 들어 본 이름 외에는 꽤 낯설기도 합니다. 오늘이 입춘이라고 한들, 절기를 일일이 기념하거나 풍습을 치르는 일도 드뭅니다. 매달 1일이나 마지막 날은 특별하게 여기면서도, 계절의 변화를 기념하는 절기는 별 대수롭지 않게 지나칠 뿐입니다.

입춘을 의식하는 마음을 갖는 것만으로 한발 앞서 봄을 맞이하는 듯한 상쾌한 기분이 듭니다. 골목의 집집마다 대문에 '입춘대길 건양다경 立春大吉 建陽多慶(봄이 일어서니 크게 길하며, 볕이 드니 좋은 일이 많아진다)'이라고 적힌 입춘첩이 걸린 정겨운 풍경을 본 적이 있나요? 나와 가족 그리고 집 앞을 지나가는 이웃의 건강과 안녕을 비는 귀엽고도 기특한 의식입니다. 이렇듯 절기는 단순히 자연의 변화를 감각하는 것을 넘어, 계절을 마중하고 준비하는 마음가짐을 갖는 날입니다.

꼭 예로부터 전승된 풍습이 아니더라도, 절기마다 자신만의 소소한 의식을 만들어 보는 것도 좋습니다. 저는 지금 입춘 플레이리스트를 들으며, 생일 선물로 받은 쟈스민 꽃차를 마시며 이 글을 쓰고 있습니다. 창문에는 한지에 붓펜으로 쓴 입춘첩을 붙여 두었고요. 책상 위에는 절기의 흐름과 차, 그리고 다과를 그림과 글로 엮은 책이 놓여 있습니다. 봄을 맞는 마음으로 또 무얼 하면 좋을까요?

입춘은 '들 입入'이 아닌 '설 립立'이라는 한자를 쓴다는 사실을 알고 있나요? 봄이 들어온다는 뜻이 아닌 스스로 선다는 뜻입니다. 얼어붙은 땅을 비집고 생명이 스스로 몸을 일으키는 때라는 것이지요. 그런 의미를 해석하고 특별한 의식을 만들어 본다면 더욱 풍요로운 한 해가 되지 않을까요? 봄과 닮은 마음가짐으로 웅크린 몸을 깨우는 요가를 하거나 흐지부지된 새해의 다짐에 다시 도전해 보거나, 냉이와 같은 이른 봄나물로 정성껏 요리를 해 볼 수도 있습니다.

사람들은 반복되는 나날 속에서 낭만을 즐기기 위해 기념일을 만듭니다. 곧 다가올 발렌타인데이도 그런 날이겠지요. 그렇게 특별한 의식들을 통해 일상의 권태로움을 환기하고 낭만적인 생활을 축적해갑니다. 그런 소중한 순간을 매 절기마다 맞이한다면, 무려 한 해에 스물네 번이나 그런 특별한 하루가 더 생기는 셈입니다.

그런 의미에서 오늘은 봄을 맞이하는 기분으로 산뜻한 하루를 보내면 어떨까요? 모두 다가오는 날들이 크게 길하고 경사스러운 일이 많이 생기길 바랍니다.

31 옷차림의 균형

신발이
품격을
보여줍니다.

저는 신발에 큰 관심이 없는 편입니다. 컬렉션까지 수집하는 신발마니아도 많은 것 같지만, 저는 10만 원 안팎의 기본 스니커즈 하나를 몇 년 동안 신는 사람입니다. 그러다 보니 옷차림에서 가장 신경을 쓰지 않는 부분도 신발입니다. 그다지 부지런한 성격도 아닌 탓에 금세 더러워지기 일쑤입니다.

엄마는 예전부터 그런 저의 태도를 자주 꾸짖었습니다. 자고로 사람은 신발이 깨끗해야 하는 법이라고 말입니다. 한 번은 오기가 생겨 "어떤 한가로운 사람이 남의 신발을 쳐다봐?"하고 대꾸하자 엄마는 말했습니다. "사람들이 안 보는 것 같아도 다 봐. 아무리 멋내면 뭐 해? 신발이 더러우면 속으로 흉보는 거야." 그러면서 어디선가 물티슈를 가지고 와, 성난 손길로 제 신발을 박박 닦았습니다.

당시에는 흘려들었다고 생각했지만 엄마의 말을 듣고 난 이후로 사람들의 신발만 보이기 시작했습니다. 지하철에 앉아 있을 때도 사람들의 신발에 시선이 갔습니다. 생각보다 깨끗하게 신고 다니는 사람이 많아 놀랐고, 또 생각보다 지저분한 신발이 흉측한 인상을 주어 놀랐습니다. 아무리 말끔한 얼굴에 패션 센스가 좋아 보이는 사람도 지저분한 신발을 신은 모습을 보면 금세 환상이 깨졌습니다. 멋낼 줄은 알아도 실상은 엉망진창으로 지내는 사람이구나, 이런 생각이 들면서요. 곧이어 나야말로 그러한 인상을 풍기고 다녔을 거라는 생각이 들자 몹시 부끄러워졌습니다. 그 이후로는 되도록 신발을 깨끗하게 신고 다니려 노력하고 있습니다.

얼마 전 보던 <알쓸인잡>에서 나온 말입니다. 영화에서 인물을 어떻게 연출해야 할지 헷갈릴 때는 신발부터 생각해 보면 된다고요. 신발은 그 사람에 대해 생각보다 많은 것을 말해주기 때문입니다. 나이, 성별, 신분, 직업과 같은 정체성부터 걸음걸이 등의 사소한 습관까지 고스란히 드러납니다. 우리는 눈부신 외모, 몸에 걸치는 명품 코트와 가방 등이 품격을 높여줄 것이라고 생각하지만, 나를 가장 잘 보여주는 것은 어쩌면 신발일지도 모릅니다. 아무리 고급스럽게 차려입어도 지저분한 신발을 신으면 한순간에 아우라가 깨집니다. 하지만 수수한 차림이더라도 신발이 단정하고 깨끗하면 인품이 고와 보입니다.

한 사람의 편안함과 품격은 균형에서 나옵니다. 신발은 균형잡힌 옷차림에 있어 매우 중요한 역할입니다. 품격을 갖추려면 먼저 자신의 신발부터 들여다봅시다. 나의 신발은 옷차림을 조화롭게 서포트하고 있나요? 오늘 당장 격식 있는 자리에 가야 한다고 해도 부끄럽지 않을 정도로 깨끗하게 관리되어 있나요?

눈에 띄지 않는 부분까지 가꾸는 디테일이야말로 일상을 더욱 균형 있게 만드는 첫걸음입니다. 이번 주말에는 때 묻은 신발들을 세탁하러 가는 건 어떨까요? 깨끗한 신발은 분명 나를 더 쾌적한 곳으로 데려가 줄 것입니다.

추신. 신발의 수명을 늘리기 위해서는 하나만 신는 것이 아니라 여러 신발을 번갈아서 신는 것이 좋다고 합니다. 어느덧 저의 신발장에도 두 켤레가 더 늘었습니다.

우선
눈썹부터
정리합니다.

눈썹이 참 아름답고 단정한 사람을 만난 적이 있습니다. 연희동의 한 편집숍을 운영하는, 공간의 분위기와 한몸이 된 듯 부드럽고 단아한 인상의 대표님입니다. 그 인상에는 편안한 실루엣의 흰 원피스와 나긋나긋한 목소리도 한몫했지만, 무엇보다 눈에 띄었던 것은 눈썹이었습니다. 눈을 마주치며 짧은 대화를 나누는 내내, 저의 시선은 그녀의 눈썹에 가 있었습니다. 깔끔하게 다듬어진 눈썹과 얼굴의 이목구비가 조화롭게 어우러져 환한 인상을 만들어 내고 있었습니다. '이 단정하고 편안한 외모의 코어는 다름 아닌 이 눈썹에서 나오는구나!' 그런 생각을 했습니다.

그녀의 눈썹이 쭉 기억에 남아, 제 안에서도 '얼굴에서 신경을 쓴다면, 가장 먼저 눈썹'이라는 공식이 생겼습니다. 이목구비는 우리의 인상을 크게 좌우합니다. 인상을 바꾸기 위해 눈, 코, 입을 바꾸고 싶어 하는 사람도 많습니다. 하지만 가장 돈과 수고를 들이지 않고 바꿀 수 있는 것이 눈썹입니다. 성형 수술이나 시술을 하지 않더라도 눈썹칼만 있으면 손쉽게 정돈할 수 있습니다. 수고를 덜기 위해 눈썹 문신을 할 수도 있지만, 아무래도 매일 내 손으로 직접 눈썹을 정돈하는 것이야말로 나의 기본이 되는 얼굴을 단정하게 가꾸는 태도를 연마하는 일인 것 같습니다.

얼굴형과 이목구비가 흔히 사회에서 일컫는 미의 기준에 부합하지 않다고 해도, 눈썹이 가지런하게 다듬어져 있는 사람은 우아하고 세련되어 보입니다. 반면 눈썹이 지저분하면 아무리 예쁘게 화장을 해도 인상 전체가 지저분해 보입니다. 그래봤자 눈썹은 얼굴의 사소한 일부라고 할지 모르지만, 작은 부분을 단정하게 다듬는 것만으로 인상은 몰라보게 아름다워집니다.

눈썹은 늘 경건한 마음으로 가다듬을 수밖에 없는 부위입니다. 발톱은 딱딱 소리를 내며 경쾌하게 깎고 머리는 솨솨 손이 가는 대로 빗어도, 눈썹을 깎을 땐 잠시라도 긴장을 놓을 수가 없습니다. '깎다'라는 표현보다 '조각하다'라는 표현이 더 어울립니다. 또한 눈과 얼굴형의 조화를 생각하며 다듬어야 하기에, 자연스레 얼굴 구석구석을 유심히 들여다보게 되고 본래 타고난 나의 생김새와도 더욱 친밀해집니다.

사람들에게 좋은 인상을 풍기고 싶다면, 화장으로 결점을 숨기는 대신 눈썹을 가지런히 다듬어 보는 건 어떨까요? 사소한 것이 단정한 사람일수록 보이지 않는 이면까지 기품 있어 보이는 법입니다.

33   매일 한 시간의 조깅

하루에
딱 좋은
활력.

언젠가부터 활력을 잃어버렸다는 생각에 휩싸여 있던 시기가 있었습니다. 무언가에 열정적으로 뛰어드는 에너제틱한 감각을 잃어버렸다고 할까요. 딱 지금으로부터 10년 전에는, 갑자기 뭔가 하고 싶은 마음이 생기면 새벽부터 일어나 뛰쳐나가던 용수철 같던 아이였습니다. 그때로 돌아가고 싶을 때마다 저는 이것이 체력의 문제가 아닐까 하고 의심했습니다. 다시 말해 운동을 하면 나아질 문제라고요. 그래서 하루에 30분씩 홈트를 하기도 했지만, 제가 되찾고 싶은 10년 전의 감각과는 여전히 사뭇 달랐습니다.

어쩌면 '체력'과 '활력'은 다른 것일지도 모른다는 생각이 든 것은 매일 1시간씩 가벼운 조깅을 하기 시작하면서입니다. 매일 낮에 달리고 걷기를 반복한 며칠, 미약하게나마 그렇게나 되찾고 싶던 활력의 감각을 다시 느끼게 되었습니다. 금방이라도 몸을 벌떡 일으켜 잡일들을 부지런하게 해치울 수 있을 것 같은 기분이 들고, 조금 더 씩씩하고 효율적인 하루를 보낼 수 있을 것 같은 의욕이 생겼습니다. 흡사 오랫동안 타지 않아 녹슬었던 자전거에 기름칠을 해 다시 쌩쌩 굴러가게 된 듯한 느낌입니다.

그 기분 좋은 감각을 곱씹으며 깨달았습니다. 조깅이 10년 전과 같은 활력을 불러올 수 있었던 이유를요. 그것은 바로 '뛰어나가는 감각'을 몸이 기억하기 때문입니다. 방금 전까지 산책로를 달려나간 감각을 몸은 몇 시간이고 기억합니다. 지금은 가만히 앉아 있더라도 불과 방금 전까지 전신에 돌았던 활력을 몸 어딘가에서 계속 시뮬레이션하는 것입니다.

조깅을 할 때 느끼는 '어떤 곳을 향해 올곧이 뛰어나가는 감각'은 근력운동을 할 때의 '같은 동작을 반복하는 감각'과는 다른 모양의 활력입니다. 10년 전 저로 하여금 어떤 일에든 곧장 뛰어들게 했던 활력은, 조깅을 할 때의 감각과 더 비슷합니다. 말하자면 근력운동이 '지치지 않고 계속 하는 활력'이라면, 조깅은 '힘차게 박차고 나서는 활력'인 것입니다.

30분 정도의 가벼운 조깅만으로도 하루동안 몸에 필요한 활력을 불어넣기에는 충분합니다. 물론 활력을 넘어 체력을 기르기 위해서는 더 욕심껏 달려야 할지도 모르겠지만요. 근육을 키우는 것이 목표가 아니라 일상의 활력을 되찾고 싶은 수준이라면 이 정도로도 좋습니다. 달릴 때 다채롭게 바뀌던 풍경의 잔상이 오늘을 충실히 보내기에 딱 좋은 활력을 안겨다 줄 것입니다.

활기찬 몸짓으로 어딘가로 뛰어들 줄 아는 감각. 이것이야 말로 지금 소중히 여겨야 할 담백한 활력이라는 생각이 듭니다. 고여 있는 기분이 아닌, 매 순간 달라지는 다채로운 풍경을 벗삼아 매일을 가볍게 달려갑시다.

추신. 매일 한 시간씩 바깥을 달리다 보면, 종종 우연히 길가의 고양이를 마주칩니다. 그때마다 찍은 사진들로 고양이 도감을 만들 수 있을 것만 같습니다.

겨울엔
목도리를
두릅니다.

처음 목도리를 산 것은 2년 전의 일입니다. 그전까지는 겨울이 되어도 좀처럼 목도리를 두른 적 없습니다. 목티를 입거나 패딩의 지퍼를 목까지 올려 잠그면 그만이라고 생각했습니다. 어려서부터 목도리나 장갑 같은 방한 용품을 그다지 몸에 걸치지 않고 자라 왔던 까닭입니다.

그러다 인터넷 쇼핑몰에서 한 체크무늬 목도리가 눈에 들어와 홀리듯 구매했던 것이 2년 전 겨울의 일입니다. 별뜻 없이 겨울의 옷차림에 포인트를 더할 심산이었는데, 목도리를 두르자 생각지도 못했던 기분에 휩싸였습니다. 왜 지금껏 나를 위해 목도리 하나 둘러 볼 생각을 못 했을까 하고요. 남들보다 유난히 추위를 타는 편인데도, 스스로를 위해 따뜻하게 겨울을 보낼 수 있도록 고민해 본 적이 없었습니다.

그 이후로 겨울이 되면 하루도 빠짐없이 목도리를 두르고 다닙니다. 얼마 전에는 친구로부터 새로운 목도리를 선물 받아, 옷차림에 따라 고르는 재미도 느끼고 있습니다. 저에게 있어 목도리를 두르는 일이란 패션을 위해서가 아니라 나를 위해 다정한 수고로움을 한 겹 더하는 의식처럼 느껴집니다. 두꺼운 옷을 껴입는 겨울에 목도리와 장갑까지 착용하는 것은 여간 번거로운 일이 아닙니다. 그럼에도 구태여 목도리까지 한 겹 더 두르고 밖에 나가는 것. 그것이야말로 추위에 맞서는 자신을 보듬는 애정의 손길이 아닐까요?

목도리를 두르고 나서부터 이전까지 눈에 띄지 않던 사람들이 보이기 시작했습니다. 다름 아닌 목도리를 단정하게 두른 중노년 분들입니다. 직접 두르거나 배우자가 애정을 담아 둘러줬을 수도 있는 그 목도리들은 단지 패션이 아니라 겨울의 추위를 견디는 자신을 잘 보듬을 줄 아는 멋진 어른의 명품처럼 보입니다. 현관이나 욕실의 거울 앞에 서서 목도리를 둘렀을 모습을 상상하면, 몇 십 년간 꼼꼼히 반복해 왔을 루틴이 참 다정하게 느껴집니다.

목도리를 두르는 것에는 또 한 가지 의미가 있습니다. 계절을 오롯이 감각하고, 그 시기에만 할 수 있는 일을 충실하게 챙기는 것에서 우러나는 여유로운 품위입니다. 계절이나 날씨에 상관 않고 사시사철 자유분방한 차림새로 다니는 사람들이 많습니다. 예전에 곧잘 엄마로부터 듣던 꾸

지람이 있습니다. 겨울에 얇은 치마를 입거나 봄가을용 맨투맨을 입으면 듣던 소리입니다. "이건 여름 치마잖아. 딱 보면 구분이 안 가?" 당시에는 '옷은 예뻐 보이기만 하면 되지' 하고 생각했던 것도 같지만, 지금은 옷이란 단순히 패션만을 위한 도구가 아니라는 것을 압니다. 계절에 맞는 차림새, 더 나아가 그 계절에만 착용할 수 있는 아이템들을 성실히 즐기려고 노력합니다.

목도리나 장갑은 충실한 겨울나기를 도와주는 아이템입니다. 추위를 견디는 자신을 위해 다정하고 수고로운 의식을 올 겨울 부지런히 실천해 보면 어떨까요? 좋아하는 색과 무늬로 짜인 목도리와 함께하는 나날은 더할 나위 없이 즐겁답니다.

추신. 폭이 넓은 목도리는 사무실이나 카페에서 담요로도 유용하게 두를 수 있습니다. 반대로 가느다란 목도리는 실내에서 두르고 있어도 갑갑하지 않아 좋습니다.

35　추억의 명랑함

나보다
오래된
물건들.

물건에 정이 많은 편입니다. 그래서 한 번 들이면 오래 씁니다. 오래 사용할수록 더 정이 들어 아무리 근사한 물건을 발견해도 쉽게 혹하지 않습니다. 요즘은 미니멀라이프를 실천하고자 집 안의 물건을 의도적으로 줄여나가다 보니 남아 있는 물건의 존재감이 더욱 특별하게 다가옵니다.

집 안의 물건들은 제각기 출처가 다릅니다. 하지만 여러 물건 중에서도 유난히 애틋하게 여기는 물건들이 있습니다. 바로 유년의 추억이 서린 물건입니다.

1. 키티 전기포트
어렸을 때 본가에서부터 쓰던 오래된 제품입니다. 빛바랜 분홍색에 요리사 모자를 쓴 키티 캐릭터가 그려져 있습니다. 제조년월은 2009년 4월. 제가 아직 초등학생인 시절입니다. 세월을 이기지 못하고 군데군데 손때가 타고 칠이 벗겨졌습니다. 이렇다 할 기능이 있는 제품이라고는 할 수 없지만 기본에 충실합니다. 무엇보다 가장 사랑스러운 부분은 표면에 그려진 눈금 표시와 그림들입니다. 0.6L 되는 지점에 귀여운 커피잔이 그려져 있고, 미니멈과 맥시멈을 표시한 위치에는 각각 파란 작은 별과 분홍색 큰 별이 그려져 있습니다. 참으로 귀엽지요?

2. 샛노란 선풍기

이것 또한 본가에서부터 사용하던 물건입니다. 엄마의 말로는 혼수품이었다고 하니 26년 정도 되었을까요. 저보다 나이를 많이 든 셈입니다. 요즘은 찾아보기 어려운, 세월에 따라 빛바랜 개나리색이 매력입니다. 다만 너무 오래된 탓에 돌아갈 때마다 요란한 소리를 내서 밤에 잘 때는 조금 시끄럽습니다. 그런 단점을 감수하고 싶을 만큼 정겨운 물건입니다.

물건은 오래 쓸수록 생생한 이야기가 깃듭니다. 유행을 따라 금세 바꾸는 신상품에는 깃들 수 없는, 정겹고 소중한 이야기들입니다. 가장 오래된 친구인 시현이는 제 방에 놀러오면 전기 포트와 선풍기를 보고 추억의 물건이라며 감탄합니다. 초등학생 때부터 저희 집에 놀러 왔을 때 보았던 물건일 테니 무척 반가울 수밖에요.

이렇듯 이야기가 차곡차곡 쌓인 물건들로 둘러싸인 방은 다른 사람의 방에서는 느낄 수 없는 명랑한 정취가 느껴집니다. 몇 번이고 이사해도 이 물건들과 함께라면 어떤 곳이든 금방 정겹고 친근한 나의 방이 됩니다.

집 안을 둘러봅니다. 얼마 전 새로 산 물건이 있는가 하면 세월과 함께 추억이 쌓인 물건들도 보입니다. 전자의 물건도 앞으로 무궁무진한 추억이 쌓여 갈 흥미로운 물건지만, 오랫동안 더불어 살아 온 물건들을 애틋이 여기는 즐거움도 잊지 않도록 합니다. 시간이 지나도 추억은 늘 명랑한 법입니다.

36 정갈한 상차림

좋은 음식은
좋은 자세를
만듭니다.

식사를 할 때의 자세에 대해 말한 적 있습니다. 하지만 어쩌면 자세는 의식해서 고쳐 잡아야 하는 것이 아니라, 저절로 만들어질 수도 있겠다는 생각을 한 것은 도쿄 쿠라마에의 한 식당에서였습니다.

저는 그날의 첫 손님이었습니다. 중앙의 큰 테이블에 앉아 돼지고기 카츠 롤을 중심으로 반찬과 국이 어우러진 정식을 주문했습니다. 이윽고 나온 정갈한 한상차림에 자세를 똑바로 하고 젓가락을 들었습니다. 그리고 식사를 하면서 이런 생각을 했습니다. 이곳의 음식은 좋은 자세를 만드는 음식이라고요.

신선한 음식들이 담겨 나오는 순간, 오밀조밀하고 가지런한 상차림 앞에서 저절로 어깨가 펴지고 허리를 곧게 세우는 저를 발견할 수 있었습니다. 젓가락을 쥔 손놀림은 우아해지고 음식물을 씹는 입은 차분해졌습니다. 습관처럼 다리를 꼬려다가 오히려 더 불편하게 느껴져 다시 땅에 내려 놓았습니다. 품격있는 요리와 대면하는 동안, 적당한 설렘과 긴장에 몸가짐이 절로 바르게 되었습니다.

먼저 품위와 예의를 갖춘 음식 앞에서는 나도 응하듯 품위와 예의를 갖추게 됩니다. 찌그러진 양푼 냄비에 라면을 끓여 두꺼운 책을 냄비 삼아 후딱 얹고, 김치통의 뚜껑만 연 채로 차린 상차림을 상상해 봅시다. 저절로 다리 한쪽을 세우고 허겁지겁 먹는 모습이 그려집니다. 하지만 같은 라면이라도 단아한 그릇에 옮겨 담아 그 위에 파를 보기 좋게 썰어 얹고, 작은 접시에 김치를 덜어 먹는다면 전혀 다른 느낌이 들 것입니다. 저절로 바른 자세로 앉게 되고 첫술을 뜨기 전 두 손 모아 '잘 먹겠습니다' 하는 인사마저 나올지도 모릅니다.

식당에서 먹는 정식과 집에서 간단히 차려 먹는 음식을 비교할 수는 없겠지요. 하지만 식사란 기본적으로 대접의 행위입니다. 나와 가족을 위해 음식을 차리는 행위니까요. 근사한 플레이팅을 해야 한다는 뜻이 아닙니다. 즉석밥을 전자렌지에 돌린 후에도 이왕이면 그릇에 제대로 옮겨 담고, 반찬통의 뚜껑만 열어놓는 대신 접시에 덜어 먹고, 숟가락과 젓가락의 짝을 맞추는 정도의 정성을 들이는 것만으로 식사에 임하는 나의 태도가 놀랄 만큼 달라집니다. 거기에 취향껏 테이블 크로스나 티코스터, 수저받침 등을 곁들이면 더욱 그럴싸한 상차림이 됩니다.

식사할 때 자세가 흐트러지는 것은 나쁜 습관 탓도 있지만 어쩌면 딱 그 정도의 예의를 갖춘 상차림 때문이 아니었을까요? 바른 자세로 식사하는 것의 첫 단계는 바른 모양으로 상을 차리는 것입니다. 좋은 상차림 앞에서는 절로 예의를 갖추게 되기 마련입니다.

추신. 좋은 자세를 만드는 음식을 자주 먹어 봅시다. 보는 만큼 배울 수 있으니까요. 정갈한 구성, 그릇의 크기와 배치, 담긴 모양새 등 상차림 하나에도 스승이 많습니다.

37 여행을 닮은 식사

좋은 음식에는
순서가
있습니다.

자세를 만드는 음식의 연장선으로 '아코메야도쿄'에서 느낀 식사 경험을 이야기하고자 합니다. 이번에는 '속도를 조절하는 음식'입니다.

아코메야는 쌀을 주축으로 한 상품과 큐레이션에서 시작해 생활 전반을 다루는 일본의 라이프스타일 브랜드입니다. 아코메야에서 취급하는 쌀과 식재료로 만든 메뉴를 파는 식당을 함께 운영하고 있는데요. 도쿄에서의 마지막 날 밤, 아코메야가 제안하는 식경험이 궁금하기도 하고 마침 생선 정식도 먹고 싶었던 터라 발걸음을 옮겼습니다.

단도직입적으로 감상을 말하자면, 여행을 다녀온 듯한 식사였습니다. 먹는 내내 다채로운 풍경에 심취해 있다가 방금까지 걸어 온 여정을 돌아 보며 뿌듯하게 마무리하는 느낌이었다고 할까요. 마지막에는 무사 귀환을 축하하는 의미로 샴페인을 터뜨리는 느낌마저 들었습니다.

아코메야에서의 식사는 정중하게 브레이크를 걸어주는 듯한 식사였습니다. 서로 다른 식재료의 식감과 맛, 향을 음미하기 위해 속도를 늦추고 여유롭게 식사를 즐기고 싶어집니다. 혀에 순차적으로 느껴지는 신선한 재료들, 일본에서만 경험할 수 있는 생소한 맛의 향연, 깔끔한 여운으로 마무리되는 흠 잡을 데 없는 피날레. 국 하나에도 당근, 무, 두부, 묵, 마, 고기 등등 다양한 재료가 들어 있어 풍부한 맛이 느껴지고, 모든 재료가 이루는 감미로운 하모니가 일품이었습니다. 식사를 하는 내내 '당근이 이렇게 달달할 수 있다니', '이건 뭐지? 생각보다 맛있는데'하며 식재료들의 매력을 새롭게 알아갔습니다.

좋은 음식에는 순서가 있습니다. 맛이 파도처럼 한꺼번에 떠밀려 오지 않고 계단을 걸어 올라오듯 뚜벅뚜벅 걸어 옵니다. 첫맛, 중간맛 그리고 여운에 이르기까지 모든 재료의 향미가 차례로 혀를 두드립니다. 그렇기 때문에 한입을 먹어도 '고기 맛이구나'하는 단편적인 감상으로 끝나지 않고, 서로 다른 맛이 합류하며 하나의 앙상블을 이루는 조화로운 식경험을 만끽하게 됩니다. 또 배는 부르면서 속이 더부룩하지 않아 식사를 마치고도 기분 좋은 여운을 느낍니다.

바로 전날에는 제가 가장 좋아하는 이치란 라멘을 먹었습니다. 이치란에서는 감동적인 맛에 정신을 차리지 못하고 허겁지겁 먹어치운 데다가, 식사 후에는 입 안에 계속 자극적인 마늘향이 남았습니다. 경건한 마음으로 여행을 즐기듯 먹고 깔끔한 여운으로 마무리한 아코메야에서의 식사와는 완전히 정반대였습니다. 하지만 맛있어서 눈코 뜰 새 없이 먹고 마는 음식도, 천천히 풍미를 음미하며 먹게 되는 음식도 모두 좋습니다. 각기 다른 식경험을 하며 요리에 대한 식견도 넓어지는 것이겠지요.

좋은 요리는 겉으로 보이진 않지만 많은 수고가 들어갑니다. 갖은 재료로 육수를 내고 고명을 올리는 손길은 일일이 헤아려지지 않습니다. 하지만 그 모든 과정은 맛으로 고스란히 드러납니다. 한끼의 식사를 해도 마치 여러 동네를 느긋이 산책하다 돌아온 것처럼 풍성한 여정을 떠나 온 듯한 기분이 드는 것. 그것이 수고와 정성이 밴 음식이 안겨 주는 묘미가 아닐까 싶습니다.

38 영화 <패터슨>을 보셨나요?

시를 쓰는
마음으로
산다는 것.

요즘의 날들을 잠시 떠올려 봅니다. 똑같은 시간에 일어나 똑같은 순서로 외출 준비를 한 뒤 똑같은 아침을 먹고 똑같은 길로 출근을 하고 퇴근 후엔 늘 똑같은 길을 산책하다 똑같은 시각에 잠에 듭니다. 여기 반복되는 일상의 정석을 사는 사람이 있습니다. 바로 영화 <패터슨>에 나오는 주인공 '패터슨'입니다.

미국 뉴저지 패터슨에 사는 버스 드라이버 패터슨은 매일 반복되는 하루를 보냅니다. 6시 반 무렵에 일어나 아내와 애정 어린 대화를 나누고 아침으로 시리얼을 먹고 아내가 준비해 준 도시락통을 들고 늘 같은 길을 걸어 출근합니다. 매일 같은 버스로 같은 노선을 운행하고 같은 곳에서 점심을 먹고 같은 시간에 퇴근해, 집에 와 아내와 단란한 저녁 식사를 하고 반려견 마빈과 산책하다가 늘 들르는 바에서 술 한 잔 걸치며 하루를 마무리합니다. 그러한 일상 속에서도 틈틈이 즐기는 패터슨만의 루틴이 있으니, 다름 아니라 늘 가지고 다니는 수첩에 시를 쓰는 일입니다.

하지만 똑같아 보이는 일상에도 조금씩 변화는 있습니다. 아침에 일어나 아내와 나누는 대화도 날마다 다르고, 운전

하면서 듣는 승객들의 사연이 다르고, 도시락의 메뉴와 바에서 만나는 사람도 매일 달라집니다. 그렇게 반복되는 일상 속 변주들은 그의 세계를 조금씩 넓혀 줍니다. 아내가 쌍둥이 꿈을 꾸었다고 얘기한 날부터 유독 길가에 쌍둥이들이 자주 보이고, 아침에 식탁에서 시리얼을 먹다 성냥갑을 발견하고는 시의 소재로 삼기도 합니다.

시를 쓴다는 것은 존재를 인식하는 일입니다. 평소 지나칠 법한 일상의 풍경과 사물을 주의 깊게 바라보고 '너, 거기 있었구나' 하고 알아채는 일입니다. 일상에 우연히 등장하는 다양한 변주들은 모두 시적 순간이 됩니다. 하루하루 조금씩 달라지는 하루를 보내며 새롭게 눈에 띈 것을 시로 적는 패터슨은 언뜻 똑같은 매일을 살고 있는 듯 보이지만 단 하루도 똑같이 살고 있지 않습니다. 결국 이 영화는 반복되는 풍경 속에서도 무엇을 새롭게 발견할 수 있는지를 묻는 이야기입니다.

저의 매일도 조금씩 다른 모습을 하고 있습니다. 읽는 책이 다르고, 점심 식사가 다르고, 산책하다 마주치는 고양이들이 다릅니다. 반복되는 나날에도 매일 새로운 것을 마주치고, 어제까지만 해도 몰랐던 것들을 곱씹습니다.

영화 <패터슨>은 일상이 늘 제자리걸음을 하고 있는 것처럼 보일지라도, 실은 매일매일 조금씩 다른 즐거움이 펼쳐지고 있다고 말해줍니다. 그렇게 생각하면 내 곁에 머물고 있는 똑같은 집 안의 풍경과 사물이 애틋해집니다. 똑같은 연필로도 매일 적는 일기가 다르고, 똑같은 스피커라도 매일 듣는 음악이 다르니까요.

생활이란 반복되는 풍경 속에서 변하는 것과 변하지 않는 것의 변주인 것 같습니다. 매일 변하기만 하는 것도 결코 변하지 않는 것도 없습니다. '같음 속 다름'이라는 하모니로 매일 조금씩 다른 일상을 선물처럼 안겨다 주는 생활을 조금 더 사랑스럽게 바라보면 어떨까요? 매일 걷는 길, 매일 가는 카페, 매일 앉는 책상에서도 오직 오늘만의 새로운 우주가 펼쳐집니다. 어제와 비슷해 보이는 풍경 속에서 오늘의 우주를 발견하는 일, 그것이 시를 쓰는 일이 아닐까요? 그런 시인의 마음으로 하루하루를 살아 갑시다.

39 　　당신의 오늘은 안녕한가요?

메일을 쓰기 전,
날씨를 봅니다.

업무를 하다 보면 가끔 메일로 먼 곳의 안부를 물어야 할 때가 있습니다. 메일도 편지의 일종이라고 생각하기에 본론에 들어가기 앞서 '당신의 오늘이 어떤지 궁금합니다'라는 안부를 전합니다. 저는 그럴 때 주로 날씨를 언급합니다. 상대의 오늘을 궁금해하는 데 있어 날씨만큼 자연스러운 것은 또 없으니까요. 날씨가 맑다면 기운차게, 날씨가 흐리면 편안한 말투로 씁니다.

예전에 대구를 기반으로 활동하는 일러스트레이터 분과 메일을 주고받은 적이 있습니다. 그때의 저는 습관처럼 창밖을 흘긋 쳐다보고는 '계속 흐린 날이 이어지고 있네요. 좋은 음악을 들으며 쉬엄쉬엄 주말 보내세요.'라고 인사를 남겼습니다. 하지만 며칠 후, 아차 싶었습니다. 서울은 내내 흐렸지만 대구의 날씨는 억울할 정도로 화창했기 때문입니다. 아마도 그분은 쾌청한 창밖을 보며 의아해했을지도 모릅니다.

최근에는 제주에 사는 작가님과 메일을 주고받았습니다. 꽤 여러 통의 메일이 오갔는데, 그러다 보니 메일을 쓰기 앞서 제주의 날씨를 검색해 보는 게 루틴이 되었습니다.

서울은 맑은데 제주에는 먹구름이 꼈네, 서울은 영상인데 제주는 영하구나. 이렇게 두 곳의 날씨를 파악하고 그날에 걸맞는 안부를 건넵니다.

제주의 날씨만을 언급하지 않고, 서울의 날씨도 넌지시 알려드립니다. 마치 편지를 쓰듯 '이곳은 이런데 그곳은 어떠한가요?'하고 묻습니다. '하늘이 붉게 물들었네요. 지금쯤 제주에도 노을이 지고 있나요?', '오늘 제주는 서울보다 한껏 쌀쌀한 날씨네요'. 서로 얼굴도 모르는 사이지만 메일을 읽으며 창밖을 흘끔 내다볼 그분의 모습을 상상합니다. 비록 멀리 떨어져 있지만 메일을 통해 연락을 주고받을 수 있다는 것은 서정적이고 낭만적인 일입니다.

메일의 분위기를 부드럽게 하기 위해 첫인사와 맺음말에 안부를 건네는 사람이 많습니다. 하지만 반복하다 보면 점차 형식적인 문장을 적게 됩니다. 그러나 날씨는 매일 달라집니다. 메일을 쓰기 전, 창밖을 내다보며 날씨를 확인하고 상대가 있는 곳의 날씨도 확인합니다. 그리고 그에 맞는 안부를 그때마다 적절히 전합니다. 그 사소한 정성이 메일을 한층 온기 있는 커뮤니케이션 수단으로 만들어 주는 것이 아닐까요?

메일의 앞뒤에 전하는 안부의 코어는 '당신의 오늘이 궁금합니다'라는 마음입니다. 그런 따뜻한 센스를 업무에 살짝 곁들여 봅시다. 모니터 너머의 상대가 궁금해지고 그를 더 존중하게 될 것입니다.

추신. 너무 긴 안부는 경계합시다. 메일의 주인공은 명쾌한 본론입니다. 따뜻함이 명쾌함을 해치지 않도록 주의하세요. 중요한 것은 부드러운 시작과 끝입니다.

40 오늘의 영감 부적

가방에
책 한 권씩
들고 다닙니다.

가방 속에 책 한 권을 꼭 들고 다닙니다. 언제 어디서라도 책을 꺼내 볼 수 있는 환경에 자신을 두는 것, 그것이 저의 일상의 철칙이자 자투리 시간을 아끼는 비책입니다.

대중교통을 타면 습관처럼 휴대폰을 꺼내 들어 SNS를 들여다봅니다. 인스타그램의 스크롤을 하염없이 내리다 보면 눈 깜짝할 새에 목적지에 다다릅니다. 편도로 30분 정도라고 하면 우습게 들리지만, 왕복이면 무려 1시간이나 SNS를 염탐하면서 시간을 소비하는 셈입니다. 그 시간에 책을 읽는다면 내게 필요한 영감을 얻는 유용한 시간이 됩니다.

가방 속 책 한 권이 가장 빛을 발할 때는 예상치 못한 기다림의 순간입니다. 약속 장소에 나갔는데 상대로부터 늦어질 것 같다는 연락을 받을 때가 있습니다. 혹은 예상보다 일찍 도착해 시간이 남을 때도 있습니다. 그때 당황하지 않고 태연하게 가방 속에서 책을 꺼냅니다. 그러면 몇 페이지 정도는 거뜬히 읽을 수 있습니다. 상대에게 화를 낼 필요도 없이 너그러운 마음으로 '천천히 오세요'라고 말할 수 있게 됩니다.

가끔은 책을 들고 나갈지 말지 고민할 때도 있습니다. 약속 장소까지 걸어가거나, 친구와 같이 대중교통을 타는 경우입니다. 하지만 그런 경우에도 일단 부적마냥 챙기고 봅니다. 책을 두고 가면 반려동물을 집에 두고 외출하는 것처럼 마음이 헛헛하고 도무지 든든하지 않습니다.

친구 E도 저처럼 가방에 책 한 권을 꼭 들고 다닙니다. 그 친구와 만날 때면 서로 가방 속에 든 책을 얘기합니다. "요즘은 뭐 읽어?"라고 물으며 가방 속의 책을 요즘의 화두를 공유하는 상징적인 오브제로 삼기도 합니다. 만날 때마다 바뀌므로 대화의 주제도 매번 다채로워지고, 서로에게 책을 추천해 주기도 합니다.

들고 나갈 책으로는 이왕이면 읽고 있는 책 중에 가장 가볍고 얇은 것을 고릅니다. 그렇다고 무게를 유일한 기준으로 삼지는 않습니다. 그날의 기분에 꼭 맞는 책을 고릅니다. 책을 들고 다니는 습관 때문에 가방을 사는 기준도 확실합니다. 아무리 디자인이 예뻐도 책 한 권도 들어가지 않는 작은 사이즈의 미니백은 사지 않습니다. 그렇다고 지나치게 넉넉할 필요도 없습니다. 말 그대로 '책 한 권만' 거뜬히 딱 들어가는 크기의 가방이 저에겐 가장 알맞습니다.

가방 속 책 한 권은 오늘을 위한 영감의 부적입니다. 지하철에서 책을 읽고 있는 사람을 만나면 그 사람이 왠지 오늘 좋은 하루를 보낼 것 같은 느낌이 듭니다. 어깨를 끌어내리는 적당한 지식의 무게감, 언제든 열어젖힐 수 있는 지혜의 문, 아무리 작은 시간도 의미 있게 만들어 주는 든든함. 이러한 감정으로 무장한 하루는 얼마나 근사한 하루가 될까요?

추신. 책을 고르듯 책갈피를 고를 수도 있습니다. 문장에 줄을 그을 연필을 고를 수도 있습니다. 나만의 영감 부적 페어링을 완성해 보세요.

41   하루 끝, 정화의 의식

불을 끄고
목욕을
해 보세요.

다시 직장 생활을 시작하니, 저녁에 돌아오면 집이 저를 편안하게 반기는 공간이 되었으면 좋겠다는 생각에 이런 저런 궁리를 하는 중입니다. 그중에서도 눈에 밟히는 곳은 욕실입니다. 좁은 면적, 촌스러운 캐비닛, 물때와 곰팡이, 녹슨 수전… 얼른 씻고 뛰쳐 나가고 싶어지는 공간일 뿐입니다. 형광등은 또 얼마나 창백한지요. 욕실에서의 낭만은 정녕 내 집을 마련하고서야 누릴 수 있는 사치인 걸까요.

하지만 집이 나를 반기는 공간이면 좋겠다는 바람이 커질수록, 낭만은 공간의 물리적인 상태가 아니라 공간에서 어떤 마음가짐으로 있는가에 달려 있다는 생각이 들기 시작했습니다. 욕실이 어떻게 바뀌었으면 좋겠다고 바라기 전에, 욕실을 어떤 공간으로 정의할 것인지 나의 시선을 바로잡는 것이 우선인 것이지요. 그래서 일주일간 욕실이 어떤 공간이 될 수 있는지 곰곰이 생각했습니다. 그리고 깨달은 것은 욕실은 단순히 샤워를 하고 생리현상을 해결하는 기능적인 공간에 그치는 곳이 아니라는 것이었습니다.

욕실은 외부로부터 차단되어 하루동안 내 안에 쌓인 찌꺼기를 씻어내는 사적인 공간이자 몸과 마음을 정화하는 공간이 될 수 있습니다. 그렇기에 그 안에서 이루어지는 목욕 또한 몸에 대충 거품을 묻히고 헹구는 시간이 아닌, 잠시나마 긴장을 내려놓고 몸을 케어할 수 있는 행위가 됩니다. 욕실을 바꿀 수 없다면 목욕을 대하는 태도를 바꾸자는 생각에 몰입하던 중, 마침 '톤28'의 팝업에 갔다가 좋아하는 향의 바디스크럽 샘플을 얻게 되었습니다.

좋아, 오늘은 한 번 특별한 목욕을 가져볼까? 의욕에 불탔던 그날 저녁, 욕실에서 가장 마음에 들지 않았던 환한 형광등을 과감히 끄고 캔들을 켰습니다. 어두컴컴해진 욕실에 은근한 화사함이 감돌았습니다. 형광등과 일체된 환풍기가 동시에 꺼지니 욕실 안이 더욱 고요해졌습니다. 블루투스 스피커로는 잔잔한 음악을 틀어 두었습니다. 온통 어둡고 고요하니 온몸의 감각이 예민하게 살아나기 시작했습니다. 따뜻한 물을 뿌리자 몸이 편안하게 이완되고, 바디스크럽을 바르자 플로럴 향이 은은하게 퍼져 마음이 곧 말랑말랑해졌습니다. 평소 쨍한 형광등을 켜고 대용량 바디워시를 꾹꾹 짜 몸을 씻던 것과는 차원이 다른 아늑하고 감미로운 경험이었습니다. 자연의 향, 자연의 소리, 부드럽게 일렁이는 촛불이 온몸의 감각을 두드려 마치 일본의 프라이빗 온천에 와 있는 듯한 느낌마저 들었습니다.

목욕을 마친 후 방으로 나오자 미리 따뜻한 조명을 켜 둔 방이 또 한 번 저를 부드럽게 맞이해 주었습니다. 공간이 부드럽게 전환되면서 비로소 하루를 마무리하는 실감이 들었습니다. 1평 남짓한 조그만 욕실이지만, 더할 나위 없이 낭만적인 밤을 보내고 나온 듯한 기분입니다.

특별히 피로를 풀고 싶은 날이면 종종 이런 목욕 리추얼을 가집니다. 준비물은 단 두 가지. 좋아하는 향의 바디워시와 캔들만 있으면 충분합니다. 매일 저녁마다 하루동안 수고한 나를 보살피는 마음으로 목욕을 즐겨 보면 어떨까요? 일상 속 낭만은 특별한 순간도 특별한 공간도 아닌, 매일 반복하는 평범한 행위 속에 깃들어 있습니다.

자기 전에
뿌리는
향의 비밀.

현대인의 삶에는 '부드러운 전환'이 부족하다는 생각이 듭니다. 우리는 고작 하루를 보내면서도 다양한 전환의 순간을 마주합니다. 아침에 잠에서 깨어날 때, 사무실에 출근했을 때, 휴식을 취하다 다시 할 일을 시작할 때, 일과를 마치고 집에 돌아왔을 때, 잠자리에 들 때…. 무척이나 다양한 상황 속에서 그에 걸맞는 행동과 마음가짐으로 휙휙 전환해야 합니다. 하지만 그때마다 우리는 강제로 내던져지거나 억지로 떠밀리다시피 시공간의 경계를 넘나들고 있습니다.

그런 순간에 보다 부드러운 전환을 할 수는 없을까요? 그 고민 끝에 최근 실천하고 있는 전환의 의식을 하나 소개합니다. 바로 잠들기 전에 룸스프레이를 뿌리는 것입니다.

저녁엔 저녁의 마음을 데려 온다. 단순한 마음가짐이지만, 밤에도 형광등을 환하게 밝힌 채 시간을 보내는 현대인에겐 익숙하지 않습니다. 자기 직전까지 형광등 불빛과 휴대기기의 블루라이트에 노출되다가 내던져지듯 잠에 듭니다. 밤이 되면 서서히 내 몸을 휴식의 모드로 전환해 잠에 들 준비를 갖추는 것. 불면증이 있는 저에게는 오래된 숙제였습니다. 그러다 얼마 전 무인양품에서 룸스프레이 시리즈를 발견했습니다.

세 가지 향 중에 제 마음을 건드린 것은 라벤더 향을 베이스로 하는 '꿈DEEP SLEEP'입니다. 마침 읽고 있던 책 <일상 감각 연구소>에서 일상 속에서 숙면을 돕는 라벤더 향에 대한 이야기를 읽었기 때문입니다. 라벤더 향이 정말로 숙면에 효능이 있는지는 차치하고서라도, 좋은 향은 늘 우리의 몸과 마음을 부드럽게 풀어주는 법입니다. 잠에 들기 전, 몸과 마음을 저녁으로 데려오는 의식의 일환으로 룸스프레이를 뿌려 보기로 했습니다.

그렇게 밤이 깊어져 슬슬 휴식의 모드에 들어가고 싶을 때면, 무인양품의 룸스프레이를 두어 번 뿌리고 있습니다. 향을 통해 이제부터 휴식의 모드라는 것을 몸과 마음에 부드럽게 인식시키고 있습니다. 이불을 덮을 때 훅 느껴지는 라벤더 향이 좋아 감미로운 꿈을 꿀 것만 같습니다. 아침에도 상쾌하게 하루를 시작할 수 있는 향을 맡고 싶다는 생각이 들었는데, 아니나 다를까 아침을 위한 '새벽GOOD MORNING' 룸스프레이도 있더군요.

향은 시공간의 제약 없이 분위기를 단번에 바꾸고 싶을 때 요긴하게 활용할 수 있는 '전환의 도구'입니다. 공간과 공간 사이, 시간과 시간 사이를 넘나들 때 나의 기분이 필요로 하는 향을 가볍게 뿌려주는 것만으로, 우리의 감각은 새로운 풍경들을 한결 편안하게 받아들일 수 있습니다.

향은 일상이 투박하게 느껴지는 분을 위한 처방입니다. 하루 두 번, 아침과 저녁만이라도 충분합니다. 아침에는 기분을 상쾌하게 만들어 주는 향을, 밤에는 몸을 이완시켜 주는 향을 뿌려봅시다. 눈에 보이지 않는 향의 매혹적인 날갯짓에 생활의 리듬이 한층 부드러워질 것입니다.

43   단순한 식탁의 풍경

매일 똑같은
아침을
먹습니다.

탄단지, 식이섬유, 물을 조화롭게 갖추자는 미션으로 구성된 저의 아침 식사는 감자 반 개, 닭가슴살 반 덩어리, 양상추, 올리브유와 후추, 토마토입니다.

먼저 감자는 프랑스어로 '땅으로부터 온 사과'라는 뜻을 가진 만큼, 아침에 먹으면 좋은 음식이라고 합니다. 열을 가해도 영양분이 잘 파괴되지 않고, 쪄 먹으면 미묘하게 달달해져 맛있습니다. 공복의 위장을 보호하는 효능도 있다고 합니다.

닭가슴살은 소분된 것을 삽니다. 과한 양념이 되어 있지 않은 오리지널이나 블랙페퍼 맛으로 즐기고 있습니다. 퍽퍽하지 않고 쫄깃쫄깃해 의외로 별미입니다. 냉장고 안에 스무 개씩 쟁여두고 매일 꾸준히 먹고 있습니다.

양상추는 특유의 산뜻한 식감과 시원한 감촉이 무척이나 매력적입니다. 이제는 없으면 헛헛한 기분마저 듭니다. 포장지를 벗긴 순간, 푸릇푸릇하고 신선한 양상추의 냄새를 맡으면 기분이 포롱포롱 좋아집니다.

올리브유는 건강식으로 각광받고 있는 지중해 식단의 비결로도 알려져 있습니다. 기름이나 지방은 몸에 안 좋은 줄만 알았는데, 몸에 좋은 식물성 지방을 함유하고 있다고 합니다. 기쁜 마음으로 드레싱 대신 양상추에 곁들여 먹고 있습니다.

마지막으로 밋밋한 식단에 빠질 수 없는 것이 바로 탐스러운 화룡점정, 토마토입니다. 한끼 식사에 서너 알 정도 먹습니다. 중간중간에 베어 물면 상큼한 감초가 되고 마무리에 먹으면 좋은 입가심도 됩니다.

나만의 아침 식단에 특별한 도구를 곁들이고 싶어, 최근에 흰 타원형 보울을 구매했습니다. 매일 아침에 일어나자마자 러그 위로 미끄러지듯 내려와 5분간 스트레칭을 하고, 이 보울을 꺼내 (미리 쪄 두었던) 감자와 닭가슴살을 담아 전자레인지에 1분 돌립니다. 그 사이 양상추를 먹기 좋은 크기로 찢어 물로 씻은 후, 보울의 빈 공간에 넉넉히 담습니다. 그리고 그 위에 올리브유와 후추를 뿌려주면 저의 아침 식사가 완성됩니다. 젓가락을 들기 전, 물도 한입 마십니다.

매일 같은 식사를 하니 아침이 단순해집니다. 무엇을 먹어야 할지 매번 냉장고를 들여다보며 고민할 필요가 없습니다. 일어나서부터 침대에서 부엌까지 이어지는 모든 동작이 자연스럽고 편안합니다. 그 덕에 마음도 부산스러워질 일이 없습니다.

건강한 음식을 먹으며 하루의 시작부터 나를 돌보는 의식을 치릅니다. 그로부터 오는 뿌듯함이 저의 매일을 씩씩하게 만들어 줍니다. 속이 든든해 출근하는 발걸음도 홀가분합니다.

누구에게나 '맞는 아침'이 있습니다. '오늘 새로 맞는 아침'과 '몸에 맞는 음식'입니다. 체질과 기호에 따라 혹은 오늘의 기분에 따라 과일을 먹거나 요거트를 곁들여도 좋습니다. 내 몸에 친절한 음식으로 단순한 아침의 풍경을 만들어 봅시다.

44 뒤를 살펴보는 습관

신발을
가지런히
놓습니다.

오랜만에 본가에 와 가족과 저녁 식사를 마치고 집에 돌아왔습니다. 곧장 카페에 갈 심산으로 신발을 아무렇게나 벗어던지고 방으로 내달렸는데, 뒤따라오던 엄마가 한소리를 합니다. "신발을 정말 이렇게 놓을 거야?" 그러면서 이렇게 덧붙였습니다. "사람이 항상 뒤를 돌아볼 줄 알아야지. 신발을 벗을 때도 똥을 싸고 나올 때도." 평소에는 그런 소리를 들으면 한 귀로 흘려 듣지만, 일리가 있었기에 바로 꼬리를 내리고 "맞는 말이야" 하고 맞장구를 쳤습니다.

어릴 때부터 우리는 신발을 벗은 뒤엔 가지런히 놓아야 한다고 배웁니다. 하지만 그 가르침은 단순히 물건을 가지런히 놓아야 한다는 것을 넘어, 늘 뒤를 돌아볼 줄 아는 사람이 되어야 한다는 뜻인 것 같습니다. 자신이 남긴 흔적을 정돈해 그 자리에 있었는지도 모를 만큼 사뿐히 떠나는 사람 말입니다. 저는 그런 것에 서투른 사람입니다. 헨젤과 그레텔이 빵부스러기를 남기듯 제가 지나간 길에는 머리카락이며 벗어던진 옷가지가 자유분방하게 널브러집니다. 그런 제게 엄마가 버릇처럼 하는 말입니다. "넌 꼭 흔적을 남겨!"

뒤를 살펴보는 습관은 비단 신발을 벗을 때만 중요한 것이 아닐 테지요. 식당에 가면 엄마는 남은 음식물을 하나의 그릇에 덜어 빈 그릇들을 한데 겹쳐 모아 가지런히 두고 나옵니다. 종업원이 테이블을 편하게 치울 수 있도록 마음을 쓰는 습관입니다. 마지막으로는 휴지로 상을 가볍게 쓱쓱 닦아, 최대한 흘린 자욱이 남지 않도록 자리를 정돈합니다. 친한 친구 은지도 이런 습관이 몸에 배어 있어, 같이 외식을 할 때면 저도 덩달아 손이 바쁘게 움직입니다. 그녀의 주변 사람들도 덕분에 식사를 마친 후엔 그릇과 테이블을 정리하는 습관이 생겼다고 하니 좋은 일입니다.

신발을 벗은 후 가지런히 두거나 식사를 마친 후 그릇과 테이블을 정리하는 것은 무척 소소한 행위입니다. 몇 번 손놀림을 하고 허리를 굽히는 수고로움만 감내하면 됩니다. 그것들을 하지 않는다고 해서 일상이 엉망이 되거나 버릇없다는 소리를 듣지도 않습니다. 하지만 그만큼 누구나 신경쓰지 않는 작은 행동이기에 되려 그 사람의 센스와 됨됨이가 고스란히 드러납니다. 자신의 발밑과 반경을 살필 줄 아는 사람은 분명 주변까지 자연스럽게 챙길 줄 아는 세심한 사람이겠지요.

일상 속에서 내가 늘어뜨리는 크고 작은 꼬리를 잘 살펴봅시다. 아차, 하는 순간 한 번쯤 뒤를 돌아봅시다. 나도 모르게 엉망으로 남기고 떠날 뻔한, 그림자 공간이 보일지도 모릅니다.

45 마음을 쓴다는 것

늘 다음 사람을
염두에 둡니다.

일상 속에서 '앗!'하고 인상이 찌푸려지는 순간이 있습니다. 예를 들면 공중화장실에 갔는데 변기 위에 털이 한 가닥 놓여 있을 때, 휴지통에서 휴지가 넘쳐 바닥에 나뒹굴고 있을 때와 같은 순간입니다. 금방이라도 "어떤 놈이야!" 하고 외치고 싶어집니다. 나중에 누군가 올 거라는 생각을 하면 그렇게 두고 갈 수는 없었을 텐데요. 마주칠 일 없기 때문에, 어차피 내가 누군지 알지 못하기 때문에, 다음 사람의 기분이야 모른 체 하면 그만이기 때문에, 그저 귀찮기 때문에… 많은 이유로 종종 '다음'을 무시하고 있진 않은가요?

배려란 무엇일까요? 사전에 의하면 '도와주거나 보살펴 주려고 마음을 쓰는 것'이라고 합니다. 우리는 다른 사람에게 친절해집니다. 얼굴을 마주하면 아무래도 모질게 굴 수 없고, 이왕이면 좋은 모습을 보이고 싶기 때문입니다. 배려란 타인 앞에서 적극적으로 마음을 쓰는 행위 같지만, 저는 직접 도와주거나 보살피는 행위만이 배려라고 생각하지 않습니다. 배려의 본질은 '상대방을 기쁘게 해 주고 싶은 마음', 이 한 가지 단순한 마음이라고 생각합니다.

엄마가 화장실에 들어왔을 때 기분이 좋았으면 좋겠다는 마음이 들면 조금 수고스럽더라도 말끔히 뒤처리를 하고 나오게 됩니다. 식당에서 종업원이 테이블을 치우러 왔을 때 기분이 좋았으면 좋겠다고 생각하면, 얼른 냅킨을 집어 흘린 음식이나 얼룩을 깨끗이 닦게 되는 법입니다. 내가 떠나고 그 자리를 마주할 사람을 한 번쯤 상상하는 것만으로 조금 더 다른 행동을 할 수 있습니다. 좋은 평판을 얻고 싶다거나 좀 더 도덕적으로 행동하고 싶어서가 아닌, 그저 '다음 사람을 기쁘게 하고 싶다'는 단순한 기분. 그 마음이 매순간 조금 더 다정한 행동으로 이끄는 것입니다.

마음을 쓰는 것은, 다음을 염두에 두는 일입니다. 그 뜻을 마음에 새긴 이후로 수시로 다음을 상상하고, 다음 사람의 쾌적한 기분을 위해 무엇을 할 수 있는지 생각합니다. 우선, 다음 사람이 만족스럽게 웃는 얼굴을 상상합니다. 그러면 그 미소를 지켜주고 싶어 어질러진 물건 하나라도 더 정리하고 싶어집니다. 동료를 생각해 상황을 쉽게 파악할 수 있도록 파일의 이름을 알기 쉽게 정리해 두거나 카페에서 음료를 다 마시면 빈 컵과 그릇을 카운터에 가져다주고, 택배 기사님의 헛수고를 덜어드리기 위해 배송 정보를 구체적으로 남길 수도 있습니다.

내가 간 다음을 상상하는 것. 이 자리에 올 다음 사람을 생각하는 것. 이왕이면 그 사람을 기분 좋게 하고 싶다는 사사로운 마음. 그로부터 비롯한 동작이 모두 배려의 첫걸음입니다. 한 사람의 '좋은 다음'이 계속해서 이어지고 이어진다면, 우리는 얼마나 서로 간의 다정한 연쇄를 만들어 낼 수 있을까요?

참, 다정한 마음은 상상력에서 온다고도 하지요. 그 사람이 어떻게 느낄지 상상할 줄 아는 힘, 그것이 나를 조금 더 나은 사람으로 만들고 이 사회를 조금 더 풍요롭게 만들어 갑니다. 일상 속의 배려는 그런 거창한 담론을 논하기에는 귀여운 수준이겠지만요. 그런 작고 뿌듯한 행동을 오늘부터 실천해 보면 어떨까요? 다음 사람의 미소를 지켜줄 수 있는 방법을 고민하는 너그럽고 재미있는 일일 것입니다.

46 평소 불편했던 곳이 있나요?

올해는
병원에 꼭
갑니다.

'한 번 알게 된 이상 이전으로 돌아갈 수 없다'라는 말을 요즘 자주 체감합니다. 최근 제 일상은 많이 바뀌었습니다. 잘 때도 앉을 때도 걸을 때도 예전 같지 않습니다. 사건의 발단은 어깨와 무릎이 아파 정형외과를 찾은 것입니다. 왼쪽 무릎은 원래부터 좋지 않았고 어깨는 헬스를 하다 다친 것이기에 간단히 물리치료나 받아 볼 생각이었습니다. 하지만 엑스레이를 찍어본 결과, 제 몸은 상상 이상으로 망가져 있었습니다. 가장 충격적이었던 사실은 목이 일자목을 넘어 역c자라는 점과 맞춤깔창이 필요할 정도의 유연성 평발이라는 점이었습니다. 조금만 더 가면 디스크라는 말도 들어, 나란히 비슷한 진단을 받은 회사 동료와 함께 퇴근 후 도수치료를 받으러 다니는 나날입니다. 두 사람 모두 예상치 못했던 진료비에 등골이 휘었지만 입을 모아 이렇게 말합니다. "이제라도 알아서 다행이야."

그 뒤로 일상이 많이 바뀌어, 찰나의 순간에도 바른 자세를 유지하고자 주의를 기울이고 있습니다. 자세 교정은 물론, 호흡법이나 근육을 쓰는 법까지 조금 더 바른 몸을 만들어가기 위한 방법들을 새롭게 알아가고 있습니다. 자고 앉고 서고 걷는 모든 동작을 바르게 하는 것은 여간 신경

쓰이는 일이 아닙니다. 몸에 좋은 자세는 어째서 불편한 법일까요? 불평을 하고 싶어질 때마다 병원에서 보았던 엑스레이 사진을 떠올리며 마음을 다잡습니다.

문득 아찔한 기분도 듭니다. 만약 헬스를 하다 어깨를 다치지 않아서 정형외과를 갈 일이 없었다면, 앞으로도 계속 구부정한 자세로 살지 않았을까요? 좀 더 일찍 알았다면 하는 후회가 들다가도 이제라도 알아서 다행이라는 생각이 듭니다. 처음 도수치료를 받는 날엔 울컥한 기분도 들었습니다. 그동안 너무 내 몸을 방치해 왔구나, 하는 마음에 자신에게 미안해졌기 때문입니다.

우연한 계기로 병원을 찾으면 그전까지 몰랐던 몸 상태를 알게 되는 경우가 종종 있습니다. 진실을 마주하는 일이 썩 기쁘지만은 않습니다. 그 사실을 알기 전으로는 돌아갈 수 없기 때문입니다. 그동안 별생각 없이 했던 동작들에 일일이 제동이 걸리고, 몸을 바로잡기 위해 주의를 기울여야 합니다. 하지만 불편한 일상 속에서도 내 몸은 틀림없이 나은 방향으로 회복해 갑니다. 새로 길들이느라 어색한 동작은 시간이 흐르며 자연스러운 습관이 됩니다.

병원을 가기에는 애매하지만 편안하다고 말할 수도 없는 찌뿌둥한 감각으로 일상을 지내는 사람들이 많습니다. 일상에 크게 지장을 주지 않는 통증은 무심코 잊히기도 합니다. 하지만 아무리 사소하고 미묘한 불편감일지라도 반드시 원인은 있고, 그것은 생각했던 것보다 생활을 뒤바꿔 놓을 정도로 치명적인 요소일지도 모릅니다. 그러니 한 번쯤 병원에 방문해 나의 몸이 정확히 어떤 상태인지 확인하는 것은 중요합니다. 건강하다면 좋은 것이고 이상이 생겨 치료해야 한다면 이제라도 알게 되어 좋은 것입니다.

내 몸에 조금만 더 다정히 관심을 기울입시다. 그동안 무심히 지나치곤 했던 몸의 호소에 귀 기울여 봅시다. 한 번 알게 되면 나의 일상이 이전으로 돌아갈 수 없게 될지도 모릅니다.

47   알고 보면 흥미로운 정보

먹기 전에
영양성분표를
살핍니다.

별것도 아닌데 고집을 부리는 부분이 누구나 하나씩 있는 법. 그것이 저에게 있어서는 'NO 제로콜라'였습니다. 햄버거 가게에서 친구들이 모두 제로콜라를 주문할 때 저는 꿋꿋이 '그냥 콜라'를 외치던 사람입니다. 살쪄도 상관없으니 본연의 맛을 만끽하고 싶다는 일종의 반항심이었다고 할까요.

하지만 요즘은 새로운 습관이 생겼습니다. 음식을 먹거나 사기 전에 영양성분표를 꼼꼼히 확인하는 것입니다. 칼로리도 보지 않던 사람이 갑자기 영양성분표를 따진다니 웬일인가 싶겠지만, 아무래도 헬스장을 다니기 시작하면서부터입니다. 탄단지의 균형을 맞추려고 단백질 함량이 높은 제품을 찾다 보니 건강한 식품에 대한 관심이 늘었습니다. 그동안 별생각 없이 먹어 왔던 음식들에도 '탄수화물이 이만큼이나 들어 있네', '지방이 9g이나 되는데 단백질은 2g밖에 안 된다고?'하며 다소 깐깐한 소리도 하고 있습니다.

회사 탕비실에서 발견한 간식, 오늘 아침에 먹은 채소, 커피와 시리얼까지 가리지 않고 영양성분표를 살피느라 꽤 흥미롭게 지내고 있습니다. 제품에 영양성분표가 적혀 있지 않은 경우엔 인터넷에 직접 검색해 보기도 합니다. 콘푸로스트 영양성분, 단호박 영양성분, 스타벅스 라떼 칼로리… 온갖 음식들이 낯설게 다가오기 시작합니다. 사이다 캔을 살펴 보다 당류가 20g이나 들어가 있다는 사실에 기겁을 하기도 했는데요. 참고로 당류의 하루 권장량은 25g이라고 합니다. 한 캔 마시는 순간 자그마치 하루 치 권장량을 거의 섭취해 버리는 셈입니다. 호기심에 카페 음료들의 칼로리와 당류를 검색해 본 이후로, 아무거나 주문할 수 없게 되었다는 다소 씁쓸한 사연도 있습니다.

작은 글씨로 빼곡히 적혀 있는 영양성분표를 재밌다고 살펴볼 사람은 드물 테지요. 하지만 내게 필요한 영양분의 적정량을 알고 의식적으로 건강한 식단을 짜 보는 일은 은근히 즐겁습니다. "영양성분표를 보고 나니 먹을 게 없어"라며 장난스레 투정도 부리곤 하지만, 매 순간 영양성분표를 따지며 먹고 싶은 것을 참지는 않습니다. 세상에는 맛있는 음식들이 가득하고 그것들을 탐닉하는 것도 인생의 소중한 행복이니까요. 다만 음식에 무심코 손을 뻗기 전, 내 몸에 들일 것에 한 번쯤 주의를 기울이는 것. 이왕이면 조금 더 건강한 성분으로 구성된 식품을 고르는 것은 분명 나의 삶을 이롭게 이끌어 줄 소중한 습관이 됩니다. 영양성분표를 따지며 음식을 고르다 보면, 운명처럼 나의 취향을 바꿔놓을 별미를 만나게 될지도 모릅니다.

추신. 다들 퍽퍽하다고 하지만 저는 닭가슴살이 그렇게 맛있더군요. 오리지널보다 나트륨이 적은 블랙페퍼를 선호합니다. 참, 그릭요거트는 당류가 적은 것으로 고르세요.

48 오감의 기상

일어나자마자
창문부터
엽니다.

곧 여름입니다. 전 계절이 성큼 다가올 때마다 누구보다 서둘러 알아차리는 편입니다. 요령은 별게 아닙니다. 바로 냄새입니다. 곧 계절이 바뀔 때쯤이면 공기의 냄새부터 미묘하게 달라집니다. 매일 창문에 대고 숨을 들이마시며 새 계절이 얼마큼 왔나 가늠하다가 마침내 '아, 여름이다' 하고 탄성을 지르는 순간은 몹시 기쁩니다.

계절마다 공기에서 다른 냄새가 난다고 하면 심드렁한 사람도 있지만, 계절의 냄새가 존재한다는 이야기는 많이 공감해 주고 있습니다. 하지만 계절이 아니더라도 공기의 냄새는 매일 달라집니다. 아침에 일어나면 가장 먼저 창문을 열고 바깥을 향해 고개를 빼꼼 내밉니다. 그리고 숨을 크게 들이쉬고 내쉬기를 몇 차례 반복합니다. 향긋한 오늘의 냄새가 몽롱한 의식을 깨우면, 새로운 하루를 기운차게 맞아 보자는 마음이 솟아오릅니다.

창문을 열었을 때 해가 쨍쨍하면 기분이 좋고, 비가 내리면 기분이 쓸쓸하기도 합니다. 하지만 숨을 들이키며 냄새를 훅 맡는 순간, 맑으면 맑은 대로 흐리면 흐린 대로 기분이 상쾌해집니다. 어제와는 또 다른 향으로 무장한 자연에서 부지런한 생명력이 느껴집니다. 대지와 공기와 거리의 향이 매일 다르게 섞여 나를 유혹해, 방금 전의 꿀꿀한 기분 따윈 가뿐히 날아갑니다. 마치 자연에도 탑노트, 미들노트, 베이스노트가 있는 듯해 날짜를 새기면 날마다 다른 '오늘의 향수 에디션'을 만들 수 있을 것만 같습니다.

우리는 감각이 결여된 채 하루를 시작합니다. 그렇기에 오감을 차례로 깨워주는 의식이 필요합니다. 먼저 눈을 뜨면 시각의 기상입니다. 그 후 미지근한 물로 세안을 하면 촉각의 기상입니다. 방금 전까지만 해도 무거웠던 눈꺼풀이 한결 편안하게 떠집니다. 그리고 청각의 기상을 위해서는 아침에 어울리는 음악을 재생해 봅니다. 우리에겐 알람 소리보다 좀 더 반갑고 감미로운 자극이 필요하니까요. 미각의 기상에는 물 한 잔이면 충분합니다. 식도를 타고 내려가는 물이 잠들어 있던 장기를 깨우는 데 도움이 됩니다. 든든한 속을 위해 가벼운 아침 식사도 추천합니다.

그리고 마지막으로 후각의 기상입니다. 아침에 일어나면 환기도 할 겸 창문을 열고서 5초 정도 숨을 크게 쉬어 봅니다. 싱그럽고 맹렬한 생명력을 가진 오늘의 냄새를 느껴

봅니다. 그 힘이 나를 부드럽게 떠밀어 줄 것입니다. 깨끗하게 리셋된 귀중한 오늘로 말입니다.

49 물건에 마음을 쏟다는 것

사물마다
걸맞는 집이
있습니다.

늘 가방에 책 한 권과 연필 한 자루를 넣고 외출합니다. 그건 여간 마음을 써야 하는 일이 아닙니다. 연필심이 부러지거나 가방에 묻지 않도록 연필캡을 씌워야 하고, 책이 구겨지지 않도록 가방 속 물건들을 조심히 놓고, 이왕이면 흠집이 덜 생기는 재질의 표지의 책을 골라야 합니다. 그렇지 않아도 마음에 드는 북커버 하나를 장만해야겠다고 생각하던 중, 마침 쓰고 있던 연필캡도 잃어버려 저번 주말에 연필캡과 북커버를 하나씩 샀습니다.

연필캡. 무척 작고 별 볼일 없는 물건이라고 생각할 수도 있지만, 그것 하나를 사기 위해 성수동에 있는 문구숍까지 갔습니다. 그러나 썩 마음에 들지 않아, 며칠 후 연남동의 '흑심'에도 들렀습니다. 점보 연필도 끼울 수 있는 넉넉한 사이즈에 메이플 컬러의 가죽 연필캡을 골랐습니다.

북커버를 산 곳은 서촌입니다. 두툼하고 깨끗한 광목 재질의 자연스럽고 포근한 감촉이 마음에 들었습니다. 매듭을 묶어야 하는 끈 디테일은 다소 귀찮지만 그래도 귀엽습니다. 그렇게 여유로운 독서를 위한 나만의 세팅을 완성했습니다.

사물마다 걸맞는 집이 있다. 그런 생각을 하게 된 건 옛 조상들의 생활의 물건을 수집한 도감을 보면서였습니다. 그 안에서 선조들의 아주 특별하고 귀여운 시선을 발견했는데요. 그것은 바로 온갖 물건마다 그에 맞는 집을 만들어 주었다는 것입니다. 갓을 보관하는 갓집, 비녀를 보관하는 비녀집, 술병과 안주를 넣어두는 주안함, 글쓰기에 필요한 도구를 담아 둔 연상, 붓을 걸어두는 붓걸이, 편지나 문서를 보관하는 고비. 이 밖에도 다양한 쓰임새의 '집'과 '합', '함', '상'들이 있었습니다. 물건의 쓰임새를 하나하나 세심하게 살피고 존중했던 시선이 참으로 신사적입니다.

사물에도 안온한 집이 필요합니다. 오래도록 생활에 보탬이 되기 위해 모양새와 쓰임에 딱 어울리는 자리에서 고운 자태로 기다릴 수 있는 공간 말입니다. 물건을 위해 마음을 쓸 때, 물건들도 언제든 나의 부름에 정겹게 응할 것입니다.

비단 연필이나 책뿐 아니라 편지든 펜이든 아무데나 놓아두면 그만인 것이 요즘 현대인의 일상입니다. 하지만 물건들을 위한 소중한 집을 마련해 준다면 물건을 대하는 자세는 물론 우리의 생활도 한층 가지런해집니다. 사물을 제대로 된 자리에 두는 것은 곧 나의 일상을 제자리에 두는 것이나 마찬가지입니다. 그런 의미에서 평소 눈여겨보지 않았던 물건을 위해 집을 만들어 봅시다. 생활을 가지런히 정돈할 수 있는 작은 힌트가 될지도 모릅니다.

50 단순하고 성실한 예절

미소 짓는
얼굴은
디폴트값.

사람을 마주할수록 허물어뜨리는 것이 중요하구나, 하는 생각을 합니다. 허물어뜨리다니, 무엇을 말하는 것일까요? 바로 사람의 마음, 정확히는 무장한 마음입니다. 우리는 무의식 중에 타인을 향해 무장을 합니다. 낯선 누군가에게 말을 걸어야 할 때는 물론, 누군가 툭툭 어깨를 건드릴 때도 적이라도 만난 사람처럼 꼿꼿이 긴장하게 됩니다. 입꼬리만 올려 보이면 되는 단순한 일 같지만, 얼굴 근육을 움직여 미소를 지어 보이는 것은 생각보다 호락호락한 일이 아닙니다.

'정말 웃지 않고 사는구나'라는 생각을 했던 것은 언젠가 백화점에서 고객을 응대하면서였습니다. 매대 앞에 서 있다 보면 다양한 모습을 한 사람들과 마주칩니다. 저의 시선을 끌었던 것은 무엇보다도 그들의 표정입니다. 심드렁하니 굳은 얼굴부터 찡그리느라 미간에 주름이 진 얼굴까지, 사람들의 일상 속 표정을 이렇게나 찬찬히 관찰할 일이 있었던지요. 그때를 계기로 종종 사람들의 얼굴을 봅니다. 지하철에서 유튜브로 왁자지껄한 예능을 보는 사람도, 공원에서 아이들과 함께 놀러 나온 어른들마저 무서우리만큼 굳은 표정을 하고 있다는 사실을 알고 있나요?

하지만 그런 와중에도 놀라운 순간을 만나기도 했습니다. 제가 미소를 지어 보이는 순간, 열이면 아홉은 얼굴에 갑자기 부드러운 미소가 번지는 것입니다. 처음엔 굳은 표정으로 다가와 화장실이 어디에 있느냐고 묻는 사람도, 친절하게 웃으며 대답하는 순간 한순간에 얼굴을 허물어뜨리고 활짝 웃어 보입니다. 뜻밖의 선물이라도 받은 것 같은 표정에, '이런 얼굴에 이토록 환한 표정이 숨어 있었구나!' 하며 매 순간 놀라움의 연속이었습니다. 톡 쏘는 탄산처럼 경쾌한 기쁨이 서린 얼굴들을, 우표처럼 제 마음속에 고이 수집하던 며칠이었습니다.

웃는 낯에 침 뱉으랴. 이런 말은 예스러운 속담이라 생각했는데 과연 옳은 말입니다. 예상치도 않았는데 상대가 웃는 얼굴로 다가온다면, 덩달아 웃어 보이지 않고 배길 이가 얼마나 있을까요. 당했다! 이런 심정으로 말랑말랑한 표정을 짓고 말겠지요. 저희 회사엔 언제나 밝은 얼굴로 인사를 해 주시는 분이 계십니다. 그 분과 계단에서 마주칠 때면 괜히 다른 분보다 더 반가워 덩달아 환하게 웃는 얼굴로 인사하게 됩니다. 누군가를 이렇게 간단하게 미소 짓게 할 수 있는 힘이란 실로 대단하지 않은가요?

그런 마법 같은 순간을 여러 번 경험한 이후로 평소에도 이왕이면 미소를 지으며 사람과 마주하려고 노력합니다. 계산대에서 카드를 주고받는 찰나에도 최대한 친절한 손님이 되고자 합니다. 좌우지간 먼저 미소 지으면 상대의 얼굴에도 미소를 번지게 할 수 있다. 그런 마음가짐을 지니고 살아가고 있습니다.

영어에 이런 말이 있다고 합니다. 'Fortune comes in by a merry gate'. 행운은 웃는 문으로 들어온다는 뜻입니다. 타인의 마음의 문을 열고 싶다면, 먼저 내 마음의 문을 웃는 문으로 단장해야겠습니다. 그 문으로 뜻밖의 선물과도 같은 기회가 함께 따라 들어올지도 모르는 일이니까요. 미소를 짓는 일은 당장 무일푼으로 갖출 수 있는, 더불어 사는 삶을 위한 가장 단순하고도 성실한 예절입니다.

51 욕실 속 위로의 디테일

부드러운
수건을
사용합니다.

저는 한 번 물건을 들이면 꽤 오래 사용하는 편입니다. 얼마 전까지 쓰던 수건도 자그마치 7년째입니다. 물건에도 수명이 있다고 하지만, 수건은 엄밀히 말하자면 '망가지는' 물건은 아니니까요. 물론 설거지 수세미나 베개 커버, 속옷처럼 세균 번식에 예민하거나 표면이 닳는 물건들은 '교체 주기'라는 것도 있는 듯하지만요. 바른생활 교과서에 적혀있을 법한 교체 주기를 꼬박꼬박 지키는 사람이 과연 얼마나 있을까요. 살림을 건전지 갈아 끼우듯 바꾸는 일은 숙제 같은 일입니다. 그런 이유로 '더 이상 쓸 수 없을 때까지 쓰자'라는 마음으로 꽤 많은 물건을 헤질 때까지 사용해 왔습니다.

수건도 교체할 필요가 있다는 것을 처음 깨달았던 것은 <여자 둘이 살고 있습니다>라는 책을 읽으면서였습니다. 해가 바뀌면 집 안의 수건을 새것으로 교체하는 두 분의 이른바 '새해 루틴'이 무척 신선했습니다. 물건을 교체하는 일이 특별한 정화의 의식이 될 수 있다는 것을 그때 알았습니다.

7년간 써 온 수건은 물기도 잘 닦이고 특별히 헤진 곳도 없었지만 너무 얇고 푸석푸석했습니다. 그 감촉에 익숙해져 거친 줄도 몰랐는데, 부드러운 수건을 만져 보니 마치 걸레짝처럼 느껴지더군요. 이제 그만 이 수건을 놓아주라는 계시였는지 마침 제가 몸 담고 있는 '센템sentem'에서 천연염색 타월이 출시되어 싱글벙글한 마음으로 집에 데려왔습니다. 무려 7년 만입니다.

기분 좋은 생활의 한끗은 디테일에서 옵니다. '그냥 수건'이 아닌 '더 부드러운 수건', '좋아하는 색의 수건'이 삶을 더욱 풍요롭게 만들어 줍니다. 얇고 거친 수건을 쓴다 해도 딱히 불편하지는 않습니다. 수건이란 몸에 묻은 물기를 닦을 수 있으면 그만이라고 생각할 수도 있습니다. 하지만 그런 생각에 그치면, 일상의 눈금은 딱 거기까지입니다.

기분 좋은 생활은 불편하지 않은 순간으로 이루어지는 것이 아닙니다. 편안하고 안온한 순간으로 만들어집니다. 부드러운 수건을 쓴 이후로 목욕을 하고나서 전에 느낄 수 없었던 새로운 행복을 느끼고 있습니다. 지친 몸을 감싸는 보드라운 감촉, 한가로운 주말에 빨래를 갤 때 손바닥에 닿는 뽀송뽀송한 촉감 덕분에 살림이 더욱 즐겁습니다.

삶에 필수적인 것은 아니지만, 존재하면 확실한 위안을 주는 것들이 있습니다. '조금 더 부드러운 물건'이야말로 그러한, 일상 곁에서 얻을 수 있는 작지만 확실한 위로입니다. 수건을 단지 물기를 닦는 물건으로 볼 때와 '아침에는 부드럽게 깨우고 저녁에는 다정하게 감싸주는 물건'으로 볼 때와는, 욕실에서 느껴지는 기분 좋은 감각의 차원이 다릅니다.

추신. 당신이 지금 쓰고 있는 수건은 어떤가요? 일상을 부드럽게 위로해 주고 있나요? 사용한 지 꽤 오래되었다면 조만간 두툼한 수건으로 교체해 봅시다. 참고로 수건의 교체 주기는 2년이라고 합니다.

52 계절에 주파수를 맞추다

여름에는
흰 이불을
덮습니다.

6월이 다가오면 옷장 속에 보관해 둔 이불을 꺼냅니다. 가을에서부터 봄까지 덮는 개나리색 솜이불을 거두고, 여름에만 사용하는 얇은 흰 모달이불을 주섬주섬 꺼냅니다. 베갯닛도 녹색 체크무늬에서 흰 광목으로 바꿉니다. 다가오는 여름을 맞이하는 저의 계절 의식입니다.

계절이 바뀔 때마다 집 안의 패브릭을 한바탕 교체하는 의식은 엄마로부터 배웠습니다. 어린 시절, 새 계절이 오면 소파, 쿠션, 커튼, 식탁보, 방석 등 집 안의 물건이 모두 계절에 어울리는 색과 패턴으로 바뀌었습니다. 봄에는 분홍색, 여름에는 흰색, 가을에는 노란색, 겨울에는 고동색…. 그 풍경을 보고 자란 까닭에 자취를 시작하면서 자연스럽게 식탁보와 이불, 베개 커버를 계절마다 바꿔 왔습니다. 사계절마다 몸과 마음의 주파수를 새로 맞추는 소소한 DIY 생활이라고 할까요.

여름에 쓰는 이불은 오돌토돌한 무늬로 짜인 모달이불입니다. 피부에 닿는 감촉이 시원하고 부드러워 그야말로 여름철에 어울리는 이불입니다. 홑이불이라 이부자리를 정리할 때 펄럭이는 움직임이 가볍고, 잠자리에 누울 땐 몸의 실루엣을 따라 감기는 느낌이 산뜻합니다. 덮지 않고 다리만 올려두어도 특유의 시원한 감촉에 여름의 잠자리가 한결 쾌적합니다. 종종 이리저리 뒤척이다 얼굴에 이불의 무늬가 찍혀 우스운 꼴이 되기도 하지만, 그것도 여름에만 만나는 귀여운 낙인으로서 웃어넘길 수 있습니다. 또한 단정하고 깨끗한 느낌을 위해 베갯잇도 똑같이 흰색으로 교체합니다. 여름에 더욱 쓰임을 발휘하는 광목은 특유의 차분한 느낌이 매력입니다.

그렇게 여름 한 철 동안 한결 밋밋하고 단정한 침대에서 잠을 잡니다. 흰 이부자리는 구석에 자리하여 집 안에 서늘하고 청초한 풍경을 드리웁니다. 흰색이란 어째서 여름에 더욱 애틋하고 눈길이 가는 법일까요. 여름에 더욱 빛을 발하는 흰색의 효용은 대견합니다. 집 안의 물건들을 흰색으로 바꿔주기만 해도 온도가 3도 정도 내려가는 것 같습니다. 주변이 온통 고요하고 단순해져 어수선했던 몸의 감각도 서서히 정돈되고, 더위에 소란스럽던 마음도 차분히 가라앉습니다.

사물의 색과 소재를 바꾸는 일은 집 안에 계절을 들이는 풍요로운 의식입니다. 각자의 취향에 따라 계절마다 느끼고 싶은 분위기를 상상하고 그에 어울리는 색과 소재, 형태, 무늬를 연구해 봅시다.

어떤 색을 볼 때 마음이 홀가분한가요? 어떤 소재를 만질 때 위로받는 기분이 드나요? 세세하게 질문을 던지며 자신과 공명하는 물건의 모습을 찾아갑니다. 그렇게 단장한 집에서 편히 잠을 자고, 묵묵히 밥을 먹고, 부지런히 사부작거리다 보면 또 하나의 계절이 지나가 있을 것입니다. 올 여름엔 흰 사물에 둘러싸인 채로 또 한 계절을 보내야겠습니다.

추신. 패브릭과 그릇에 계절을 담아 보세요. 봄에는 추상적인 무늬와 산뜻한 색감을 가진 접시가, 겨울에는 흙을 닮은 질감의 묵직한 도자 그릇이 마음을 슬쩍 두드립니다. 여름에는 유리가, 가을에는 나무가 근사해 보입니다.

53 마음가짐을 만드는 자리

충실함은
자리를
만드는 것.

요즘 저의 식사 풍경이 조금 달라졌습니다. 그릇과 음식은 똑같은데요. 딱 하나 달라진 것은 바로 하늘색 테이블 크로스입니다. 팝업에 놀러 갔다 구매해 온 '우물UMOOL'의 테이블 크로스인데요. 차분하고 싱그러운 공간 속 납작하게 놓여 있던, 푸른 여름을 닮은 물건이 마음에 쏙 들었습니다.

테이블 크로스를 산 것이 처음 있는 일은 아닙니다. 한때 수수한 미색의 광목 천으로 밥상을 예쁘게 차리기도 했습니다. 하지만 음식을 흘릴 때마다 허겁지겁 얼룩을 지워야 해서 곤란했던 일이 한두 번이 아닙니다. 기분 좋게 먹기 위해 차렸는데 되려 편하게 식사를 하지 못하게 되어, 그만 제 생활에서 형장의 이슬로 사라져 버린 물건입니다.

그런 연유로 이번에 구매한 테이블 크로스는 단순한 음식을 먹을 때만 사용하고 있습니다. 조금 흘린다고 하여 얼룩이 질 만한 음식이 아닐 때 꺼냅니다. 오랜만에 식탁 위에 테이블 크로스를 까니 기분이 좋았습니다. 매일 다를 것 없던 식사의 풍경이 수채화처럼 여름의 분위기로 한껏 물들고 있습니다.

충실하다는 것은 어떤 것에 마음을 한 뼘 더 뻗을 줄 아는 자세를 말합니다. 물건을 위한 자리를 마련해 주는 것. 그 작은 손길이 충실한 삶을 위한 한 겹을 더합니다. 가령 한 끼를 위한 존중으로 테이블 크로스를 까는 것, 물을 마실 때 컵 아래에 컵받침을 두는 것, 차를 마실 땐 계절에 어울리는 찻수건을 두는 것 말입니다.

물건이 놓이는 자리에 취향이 깃든 레이어를 한 겹 덧대어 주는 것으로 일상은 한층 충만해집니다. 구태여 손길을 한 번 더 들여 사물을 위한 자리를 만들어 주는 것. 그것은 물건에 대한 존중이자 지금 이 순간을 위한 작은 우주를 완성하는 의식이 됩니다.

이주란 작가의 소설 <수면 아래>에서는 이런 장면이 나옵니다. 독립한 딸의 방에 가서 바닥에 흩뿌려진 깨를 보고, 안심하는 어머니의 이야기입니다. 깨라는 건 있어도 그만 없어도 그만이지만, 그럼에도 손을 뻗어 냉장고에서 깨를 꺼내 뿌려 먹었다는 것은 곧 그 정도의 마음의 여유는 있었겠구나 짐작할 수 있더라는 것입니다. 이 이야기 속의 '깨'와 같은 것이 다름 아닌 일상의 충실한 한 겹이 아닐까요? 한 뼘만 더 마음을 뻗어 보는 것. 그러한 성실한 생활의 근력을 상징하는 물건을 자주 곁에 둬 봅시다. 몸의 근력을 기르려면 무거운 것을 들어야 하지만, 마음의 근력을 기르는 것은 대체로 얇고 가벼운 물건들입니다.

추신. 소금빵을 노란 접시에 옮겨 담아 저녁을 먹었습니다. 비닐에 담긴 채로 베어 물 수도 있지만 오늘의 저녁을 책임지는 소중한 소금빵을 대접하는 어떤 예의로움이라고 할까요.

여름엔
작은 천가방을
멥니다.

겨울보다 여름을 좋아하는 편입니다. 많은 이유가 있지만 그중 하나는 차림새가 홀가분하다는 것입니다. 반팔티와 치마만 입은 채로 나설 준비 완료입니다. 발걸음이 사뿐하고 두 팔로 공기를 사그랑사그랑 가르며 걷는 느낌이 좋습니다. 어깨도 최대한 가볍게 합니다. 그래서 여름엔 소지품을 훨씬 더 덜어냅니다. 그렇게 추린 소지품은 아주 얇고 손바닥만 한 천가방에 쏙 담깁니다.

특별히 계절에 구애받을 것은 아니지만, 왜인지 천가방은 여름에 자주 들고 싶어집니다. 멘 것 같지도 않을 정도로 가볍습니다. 옆구리에 매달린 앙증맞은 느낌이 귀엽고, 뾰족한 모서리가 없어 무해하기 짝이 없습니다. 작열하는 여름의 열기 속에서 조용히 내 옆을 지키는 이 펫 같은 사물이 무척이나 기특하여 쓰다듬어주고 싶은 기분이 듭니다.

여름은 작고 가벼운 것이 기특해지는 계절입니다. 몸통만 한 큼직한 에코백이나 옆구리를 찌르는 가죽 가방보다는 키링처럼 아담한 천가방이, 크고 우람한 장우산보다는 가방 속에 쏙 들어가는 접이식 우산이, 큰 대접보다는 아담한 디저트볼이 더 애틋해집니다. 일상 속에 여백을 두고 싶은 마음이 유난히 솟아오르는 오묘한 계절입니다.

저는 주말 오후에 카페에 갈 때 주로 작은 천가방을 멥니다. 지갑과 립스틱, 책과 연필 그리고 일기장이 가방에 든 전부입니다. 어깨에 둘러메고 리드미컬한 발걸음으로 집 앞의 내리막길을 내려갑니다. 영화 <백만엔걸 스즈코>에서 후줄근한 티셔츠와 나풀거리는 치마를 입고 천가방만 달랑 멘 채 유유자적 골목을 걷는 아오이 유우처럼 말입니다. 팔을 기분 좋게 내두르면 발걸음이 자연스레 경쾌해집니다.

이런 작은 가방은 밋밋한 디자인보다 귀여운 패턴이 있는 것이 좋습니다. 단순한 옷차림으로 외출하더라도 포인트를 줄 수 있기 때문입니다. 사진을 찍을 때는 일부러 가방이 보이게 찍습니다. 나중에 그 사진을 보면, 가방이 여름날의 기분 좋은 나들이를 증명하는 표식처럼 보입니다. 실제로 여름에 떠났던 소박한 여행마다 이 작은 천가방을 메고 있더군요.

일상 속에서 딱 적당한 무게감을 아는 것. 그것이 기분 좋은 생활을 만드는 사소한 한끗입니다. 여름에는 작고 가벼운 것들을 사랑해보세요. 들꽃 같이 앙증맞고, 토마토처럼 새콤한 매력이 있는 물건을 곁에 둡시다.

55   생활의 최전방

책상은 늘
단정하게.

제 방의 주인공은 책상입니다. 밥을 먹고 글을 쓰고 책을 읽는 모든 일이 책상 위에서 이루어집니다. 그러다 보니 책상은 늘 어질러진 상태가 기본값입니다. 하지만 서점에서 우연히 꺼내 본 책에서 책상은 항상 깨끗이 정리되어 있어야 한다는 문장을 발견했습니다. 방을 정돈해야 한다는 말은 지겹도록 들었지만 책상을 콕 집어 말하는 말은 처음이라 호기심이 생겼습니다.

책상은 윤택하고 생산적인 삶을 위한 의식들을 반복하는 자리입니다. 침착하고도 치열한, 생활 속 작은 전장인 셈입니다. 그렇기에 마음가짐이 그 어느 자리에서보다 정돈되고 온건해야 하는 자리이기도 합니다. 그런 곳이 아무렇게나 방치되어 있다니, 머릿속도 분명히 뒤죽박죽일 것입니다. 그런 정신 상태는 업무나 작업 등 책상에서 이루어지는 모든 행위에 그대로 영향을 미치기 마련입니다. 건강한 몸에 건강한 정신이 깃든다는 말이 있듯이, 쾌적하고 명료한 정신을 발휘하기 위해서는 쾌적하고 명료한 자리가 필요합니다.

쾌적하다는 것이 책상 위에 있는 것들을 가지런하게 정돈하는 것이라면, '명료하다'는 것은 무엇일까요? 저는 정보량이 적은 상태라고 생각합니다. 단순히 깨끗하고 단정한 상태를 넘어, 책상 위에서 행하는 중요한 일들에 오롯이 집중할 수 있도록 꼭 필요한 물건만 놓여 있어야 하는 것입니다. 마땅히 올려둘 수 있는 물건이라는 생각에 별생각 없이 놓아 두었던 물건을 들여다보면, 생각보다 자주 쓸 일 없는 물건, 지금 하는 일과 관계 없는 노트 등 무의식적으로 주의를 분산시키는 것들 투성이입니다. 그런 군더더기를 덜어내고, 책상을 '지금 생생히 이루어지고 있는 생활을 서포트해 주는 환경'으로 세팅하는 것이 중요합니다. 그렇게 지금 저의 책상에 남겨둔 것들은 다음과 같습니다. 지금 읽고 있는 책, To-do List 메모지, 작업할 때 뿌리는 룸스프레이, 연필꽂이, 연필깎이, 도화지, 일기장과 작업 노트 등을 꽂아둔 정리함, 스피커, 책갈피입니다.

며칠 전부터 자기 전 하루동안 어지른 책상을 도로 깨끗이 정리하는 '테이블 리셋' 습관도 실천하기 시작했습니다. 아침에 일어나 책상 앞에 앉으면 거슬리는 것이 없어 시야가 쾌적합니다. 넓게 트인 공간 덕분에 작업을 할 때도 훨씬 자유롭고, 생각의 나래를 훨훨 펼칠 수 있습니다. 책상은 생산적인 하루를 위해 설계된, 나만의 질서가 깃든 공간입니다. 그것을 염두에 두고 늘 단정하게 유지하면 오늘의 할 일을 대하는 마음가짐도 자연스레 바로잡힙니다.

책상을 항상 말끔하게 유지하는 것은 곧 나를 존중하는 것과 마찬가지입니다. 책상 위에서 매일 이루어지는 생활과 앞으로 쌓아갈 미래를 응원하는 행위입니다. 나의 책상엔 지금 무엇이 필요한가요? 일상과 꿈과 목표를 지지하는 물건들로 생활의 최전방을 잘 정돈하고 있나요? 매일 마주하는 책상을 잘 가꾸는 힘을 소중히 여깁시다.

베개와
신발을
바꿔 보세요.

주변으로부터 잘 샀다는 소리를 듣는 소비란 뿌듯합니다. 다들 감탄할 정도로 티 나게 예쁜 물건, 존재감이 큰 물건 등 눈이 즐겁거나 외관적으로 나의 가치를 높여주는 물건이 그렇습니다. 그런가 하면 아무리 좋은 소비라도 타인에게 보여지지 않거나 특별히 예쁘지 않은 탓에, 산 듯 만 듯 밋밋한 소비처럼 느껴지는 물건들도 있습니다. 오늘은 그러한 물건에 대한 이야기를 해 보려고 합니다.

정형외과에서 역c자목과 유연성 평발 진단을 받은 이후, 경추베개와 아치가 있는 신발을 샀습니다. 그동안 베개는 너무 높지만 않으면 뭐든 좋다는 주의로, 머리를 베고 누울 수만 있으면 아무거나 사용해 왔습니다. 저에게는 침대에 포인트를 주는 정도의 물건이었던 탓에 베개에 투자했던 거라고는 예쁜 커버가 전부입니다. 하지만 이번에는 목의 피로를 덜기 위해 인터넷에서 평이 좋은 경추베개를 하나 샀습니다.

그 후 작지만 쾌적한 변화를 말씀드리면요. 그동안 아침에 일어나 목을 뒤로 젖히면 뚝, 하는 소리와 함께 걸리는 느낌이 들곤 했는데, 베개를 바꾼 후로 그런 일이 없습니다.

매일 베다 보니 일일이 뚜렷하게 실감하진 않지만, 어쩌다 본가에 가거나 여행을 떠나 잠자리가 바뀌면 다음날에 확실히 목의 컨디션이 다른 것을 느낍니다.

또 하나는 대표적인 안정화 라인인 뉴발란스의 860 신발입니다. 원래 신발에는 별로 돈을 쓰지 않는 편이라, 평소보다 비싼 가격을 주고서 원치 않는 디자인을 사야 한다는 생각에 그리 기쁘지 않았는데요. 하지만 쇼룸에 가서 막상 신어 보니 생김새가 썩 나쁘지 않고, 건강을 위한 물건이기에 기꺼이 돈을 쓰기로 했습니다.

그 후로 몹시 만족스러운 나날을 보내고 있습니다. 그동안에는 아치가 없는 신발을 어떻게 신고 다녔는지 경이로울 정도입니다. 발이 체중을 받쳐주지 못해 고스란히 통증을 감수해야 했던 왼쪽 무릎도 더는 아프지 않습니다. 출근길에 버스를 잡기 위해 전력으로 달릴 때도 예전에는 종아리부터 무릎까지 쿵쿵 울렸는데 이제는 발목에 날개가 돋은 것마냥 뜀박질이 가볍습니다.

이런 경추베개나 안정화 신발은 딱히 눈이 즐거운 것도,

남들이 알아봐 주는 소비도 아닙니다. 그러나 내 몸이 정직하게 매일 고마워하는 좋은 물건입니다. 그런 물건들은 일상에서 묵묵히 존재하며 몸을 조금이나마 더 편안하게 만들어 줍니다. 어쩌다 들린 소품샵에서 혹해서 산 그릇, SNS를 구경하다 충동적으로 사 버린 옷은 순간적으로 폭발적인 설렘을 주지만, 그 느낌은 오래 지속되지 않습니다. 하지만 내 몸에 다정한 물건은 매일 사용하면서 가치가 복리로 불어나 물건의 소중함을 깨닫게 합니다. 물건을 산 것뿐인데 자존감이 높아집니다. 진정 나를 위한 소비를 했다는 것을 몸이 알기 때문입니다.

몸을 돌보는 물건에는 어떤 것이 있을까요? 베개와 신발이 아니더라도 마음만 먹으면 다양하게 찾을 수 있습니다. 수면의 질을 높여주는 침대, 손목이 편한 필기구, 허리를 곧게 세워 주는 등받침대, 어깨에 부담이 적은 배낭, 긴장을 이완시켜 주는 아로마 오일 등. 보기에 좋은 물건 대신 내 몸에 다정한 물건을 들여 봅시다. 삶의 질뿐만 아니라 나의 자존감이 높아집니다.

57 기본의 옷차림

흰 티는
신중하게
고릅니다.

'이 가격에 기본템을 살 바에 예쁜 걸 사겠어'라는 마음으로 늘 사지 못했던 것. 저에겐 흰 반소매 티셔츠였습니다. 반소매 티셔츠란 딱히 돈 쓰고 싶지 않은 것, 몇 장에 만 원으로 여러 벌 장만해 두면 그만인 것이었습니다.

하지만 기본이라는 품격을 깨달은 후로, 흰 반소매 티셔츠야말로 그 어떤 옷보다 신중하게 골라야 한다는 생각을 하고 있습니다. 질 좋은 소재로 만든 흰 셔츠를 단정하게 차려입은 사람을 보면 기품이 느껴집니다. 티셔츠도 마찬가지입니다. 거리를 지나가다 산 한 장에 4,000원 하는 옷이 아닌, 정갈한 핏과 질 좋은 소재를 갖춘 티셔츠를 입은 사람을 보면 집 앞 편의점에 나온 사람에게서도 편안하고 청결한 분위기가 풍겨납니다.

그래서 올 여름에는 '나에게 꼭 알맞는 흰색의 기본 티셔츠를 장만하자'는 목표를 세웠습니다. 패션에 일가견이 있는 친구는 이렇게 말했습니다. "아무데서나 사지 말고 좋은 SPA 브랜드에서 3만 원 정도 하는 거 사는 게 훨씬 나아." 친구가 그날 입고 온 회색 반팔티는 핏이나 길이가 딱 맞고, 청치마에도 잘 어울렸습니다. 평범한 옷처럼 보이지만, 대충 입고 나온 듯한 느낌은 전혀 들지 않았습니다.

기본에 충실한 흰 반소매 티셔츠를 입자. 그렇게 다짐하니 어떤 옷을 골라야 할지 소재부터 소매의 통과 길이, 사이즈와 길이감까지 기준을 세워야 했습니다. 너무 뻣뻣하거나 헐렁거리지 않고 몸선과 잘 어우러지는 소재, 목 부분이 좁지 않고 팔을 들어올릴 때 겨드랑이가 보이지 않는 것, 팔뚝에 딱 달라붙지 않으면서도 품이 너무 넉넉하지 않은 것, 크롭은 지양하되 허리 밑으로 내려올 정도로 길지도 않은 것, 무엇보다 어디까지나 기본템인 만큼 괜히 비싼 브랜드의 것을 사진 않을 것. 이 모든 기준에 부합하는 옷을 찾는 것은 여간 까다로운 일이 아니었습니다. 오히려 예쁜 옷을 고르는 일보다 더 섬세한 고민이 필요했습니다.

보세 가게를 들락날락거리다 마침내 그토록 찾아 헤매던 흰 티셔츠를 찾았습니다. 가격대는 딱 3만 원대. 하지만 다른 옷을 살 때보다 훨씬 가치 있고 만족스러운 소비였습니다. 출근할 때, 주말에 놀 때, 집 앞에 나갈 때 등 언제 어디서나 유용하게 입고 다닙니다. 기본의 옷임에도 불구하고 중요한 자리에 입고 나가도 흠될 것이 없고, 편안하고 자연스러운 모습을 보여줄 수 있습니다.

기본은 밋밋하고 평범한 것이 아닙니다. 하나만으로도 풍요로운 존재감을 갖춘 것입니다. 그렇기에 나에게 가장 알맞은 것으로 하나만 있으면 충분합니다. 기본이란 한 사람의 꾸밈 없는 바탕과 안목, 센스를 보여주는 통로입니다.

이번 여름을 나기 위한 흰 반소매와 반바지, 정중한 자리에 입을 흰 셔츠와 자켓 등 나의 기본을 보여주는 옷을 스스로 세운 기준에 맞춰 신중하게 구매해 봅시다. '기본이기에 아무 거나 싼 것으로'가 아닌, '기본이기에 나를 표현할 수 있는 질 좋은 것으로' 고르는 것입니다.

성실하고
즐겁게
일합니다.

그런 사람도 있는가 하면 이런 사람도 있다. 일상 속에서 종종 이런 생각을 합니다. 그리고 특별할 일 없는 일상은 '이런 사람'들로부터 구원받는다고요. 다름 아닌 '성실하고 즐겁게 일하는 어른들'입니다. 출근길에 오른 버스에, 오후에 잠깐 들린 편의점에, 주말에 찾아간 카페에 이런 사람들은 존재합니다. 평범한 하루 속 느닷없이 불쑥 나타나 기분 좋은 감탄을 주는 사람들 말입니다.

수요일의 일입니다. 지인과 단란히 저녁을 먹고, 캔먹주 한 캔씩을 사러 집 앞 마트에 들렀습니다. 맛있겠다며 들뜬 저희를 보며 50대 정도로 보이는 캐셔 분께서 평소보다 흥겹게 맞아주셨습니다. 맛있게 먹으라며 마지막까지 인자한 미소로 인사해 주셨습니다. 장 볼 때마다 그 마트에 가는 저로서는 그분의 얼굴이 익숙합니다. 보통은 마트 계산대에서 기분이 좋아질 일이란 여간해선 드뭅니다. 점원의 무신경한 제스처나 말투에 속이 상하지 않으면 다행입니다. 하지만 이 분과는 언제나 경쾌하게 소통합니다. 포인트 적립을 하고 카드를 꽂는 찰나의 시간에도 제스처나 말투, 표정 하나하나에서 정감과 즐거움, 성실함이 배어 나옵니다. 그래서 저도 괜히 덩달아 미소 짓게 되고 더욱 씩씩하게 대답하게 됩니다.

오늘은 광화문에 있는 한 카페에 갔습니다. 스타벅스처럼 이름으로 불러주는 시스템이었기에 몇 분 후 제 이름이 불려 카운터로 향했습니다. 보통은 카페 알바생이 로봇처럼 입력된 말투와 표정 없는 얼굴로 "맛있게 드세요" 하고 잔을 내미는 일이 많습니다. 하지만 이곳의 점원은 먼저 상냥하게 인사를 건네고 음료를 친절하게 설명해 주었습니다. 잔을 반납하러 카운터에 다시 갔을 때도 마찬가지였습니다. 눈을 마주치며 미소를 짓고 나가는 순간까지 인사를 건네주어 그만 마음이 몽글해졌습니다. 그나저나, 새삼스레 웃는 얼굴이라니요. 사람 한 명 한 명의 눈을 제대로 마주치고, 상황에 따라 다른 인사를 건네는 태도는 참 다정다감하고 상쾌하지 않나요?

우리 사회에는 성실하게 일하는 사람이 많습니다. 정말 든든하고 감사한 공동체입니다. 하지만 성실하게 '웃으며' 일하는 사람을 만나는 일은 드문 것 같습니다. 본인이 맡은 바에 충실히 임하는 것으로 주변 사람을 기분 좋게 구름에 둥둥 띄우는 사람들 말입니다. 오늘 김지수 기자님의

<위대한 대화>라는 책을 읽다가 이런 어구를 보았습니다. '천진난만하고 성실한 어른의 온기'. 그 어구를 본 순간, 그런 사람들을 묘사하기에 딱 어울리는 말이라는 생각이 들었습니다. 천진난만이란 '하늘에서 타고난 그대로 핀 꽃과 같다'라는 의미라고 합니다.

자신의 자리에서 성실하고 즐겁게 일하는 사람을 보면, 마음이 한순간에 녹아내릴 만큼 청순하고 진실된 감동과 온기를 받습니다. 그런 사람을 보며 '이왕이면 이렇게 일하고 싶다', '자고로 하루의 가장 많은 시간을 할애하는 일에는 이런 태도로 있고 싶다'라는 다짐을 합니다. 그 마음가짐이 멋진 어른이 되는 소중한 힌트가 아닐까요?

이번 주엔 회사 동료들과 유독 즐거운 기세로 으쌰으쌰 일해 보았습니다. 성실하고 즐겁게 일하는 자세는 널리 전염됩니다. 나의 주변에는 어떤 직업인들이 있나요? 또 나는 어떤 모습으로 비춰지는 어른인가요? 그런 사람들을 아낌없이 발견하고 감사하는 하루하루를 보내고 싶습니다.

59 부끄러움과 겸손은 다릅니다

칭찬에
기분 좋게
대답하는 법.

칭찬에 능숙하게 반응하는 편인가요? 저는 그럴 때도 있고 그렇지 않을 때도 있습니다. 칭찬을 들으면 괜히 부끄러워 '아니요, 뭘요'라든가 '그런 거 아녜요' 하고 무심코 손사래 치기도 합니다. 칭찬을 너무 흔쾌히 받아들이지 않는 것, 나를 높이는 것을 사양하는 자세는 우리 사회에서 미덕으로 여겨지기도 합니다. 하지만 사람들과 대화를 하며 종종 깨닫곤 합니다. 부끄러워하는 것과 겸손은 다르다는 것을요.

얼마 전 제주도로 여행을 다녀왔습니다. 예전부터 가고 싶어 미리 예약을 해 둔 곳이 있어, 가 본 적 없는 조그만 동네에서 하룻밤을 묵었습니다. 낮에는 카페 겸 프라이빗 공간으로, 밤에는 바 형태로 운영하는 아담한 곳입니다. 저는 낮에 예약했지만, 밤의 분위기도 느껴보고 싶어 하루 전날 설레는 마음으로 찾아갔습니다. 사장님께 메뉴를 추천받고 짧은 대화를 주고받다가 내일 낮에 예약을 했다고 말씀드렸습니다. "실은 여기 와 보고 싶어서 이 동네에 왔어요." 하고 덧붙이자, 사장님께서는 멋쩍어하더니 대뜸 이렇게 대답하셨습니다. "그건 부담스러운데요." 같이 갔던 일행 분이 제 말을 한 번 더 거들자 다시 한 번 "하하, 진짜 부담스럽네요"라며 쐐기를 박았습니다. 그뿐이었습니다. 그렇게 들은 이상, 어떤 말도 더 이어갈 수 없었습니다. 조금은 민망한 기분이 되어 마음 안에 떠도는 칭찬의 말을 하이볼과 함께 속으로 꼭꼭 삼켰습니다.

"정말요? 좋은 시간을 보내다 가셨으면 좋겠네요." 저라면 이렇게 말했을 것 같습니다. "기쁘네요. 낮에도 예쁜 공간이랍니다" 하며 가벼운 자랑으로 맞받아쳐도 좋았을 것 같습니다. 어떤 말을 들었다면 대화를 더 이어갈 수 있었을까 상상해 보다가 이런 결론에 도달했습니다. 칭찬에는 아무쪼록 '긍정형'으로 답하는 것이 기분 좋은 대화의 힌트라는 것을요.

칭찬을 듣는 순간 어쩔 줄 몰라 털을 바짝 곤두세운 고양이가 되는 일은 누구에게나 흔히 있는 일입니다. 저 또한 종종 칭찬에 어떻게 대꾸해야 할지 몰라 무심코 '전혀 아니에요'라는 말을 해 버려 계속 이어질 수 있었던 소중한 대화를 허무하게 닳아버린 일이 한두 번이 아닙니다. 칭찬을 들었을 때 느낀 뿌듯한 감정을 '고마워요. 기쁩니다'라는 말로 솔직하게 전하기란 얼마나 부끄러운지요.

하지만 부끄럽다는 변명은 결국 전해지지 않는 진심으로 남을 뿐입니다. 부끄러움은 어디까지나 부끄러움일 뿐, 겸손을 표현하는 데는 한 단계 위의 것이 필요합니다. 칭찬을 환대하는, 보다 적극적인 언어가 필요합니다.

한 가지만 기억해 보면 어떨까요? 기분 좋은 감상을 기분 좋은 언어로 되돌려 준다, 라는 단순한 공식이면 됩니다. 칭찬 앞에 우리는 너무 서두릅니다. 어떻게든 즉시 반응해야 할 것 같아 기쁜 감정을 곱씹을 여유 없이 대답부터 해버리는 것 아닐까요? 한숨, 멈췄다 대답해도 괜찮습니다. 달콤한 칭찬을 들었다면 사탕처럼 입 안에서 여러 번 굴리고 감정을 고른 뒤, 준비가 되었다면 솔직하고 명쾌한 언어로 대답해 봅시다.

혹시 기대감을 품고 왔는데 실망하고 가면 어떡하지, 하고 노파심이 드셨을 사장님께 못 전한 한 마디를 덧붙이자면, 다음날 낮에 머문 시간은 제주에서 가장 좋았던 시간이었습니다. 갈수록 서로가 느끼는 감동과 기쁨을 보다 자연스럽게 주고받는 사회가 될 거라는 기대가 있습니다. 여러분도 같은 생각인가요?

60 한끼를 대접하는 일

나만의
필살 식탁이
있나요?

얼마 전 친구에게 식사를 차려주었던 일이 있습니다. 혼자 곧잘 요리해 먹어도 누군가에게 선보인 것은 처음 있는 일입니다. 최근 들어 두 번이나 있었는데요. 먼저 슬픈 일이 겪은 전 회사 친구 S씨를 위한 '위로의 식탁' 이야기입니다. 그녀가 저에게 부탁한 메뉴는 다름 아닌 '따신 밥'. 약속 날짜가 오기 전까지 어떤 음식들을 차릴까 고민하다, 지극히 일상적이고 친근한 음식, 따뜻한 추억이 생각나는 '집밥 같은' 음식을 만들어 보기로 했습니다. 새롭게 도전해야 하는 낯선 음식이 아닌, 내 손길이 밴 친숙한 레시피야말로 그녀가 원했던 식사이리라 생각했기 때문입니다.

그렇게 차린 메뉴는 이렇습니다. 직접 지은 현미밥, 엄마가 보내 준 육수로 끓인 된장국, 양파를 잘게 다져 넣은 계란말이, X자로 칼집 낸 소시지야채볶음, 본가에서 보내 준 김치. 퇴근 후 마트에 들러 된장국에 넣을 애호박, 두부, 양파, 팽이버섯, 비엔나소시지를 두 팔 가득 안고 집에 왔습니다. 그녀의 이야기를 들으며 부지런히 재료를 다듬었습니다. 실은 무척이나 오랜만에 차리는 밥상이라 제법 쩔쩔맸지만, 힘든 줄 모르고 즐겁게 요리했습니다.

마음이 조마조마했는데 S씨는 정말 맛있다며 함박웃음을 지어주었습니다. "한적한 골목에서 단골들이 원하는 한끼를 차려주는 소박한 식당 같아요.", "<심야식당>처럼요?" "맞아요(웃음)." 이야기가 무르익어 가는 동안 S씨는 국을 두 그릇이나 먹었습니다. 인생의 슬프고 어려운 순간에 맛있는 요리를 함께 먹으면서 이야기를 나누다 보면 다시 나아갈 수 있다. 최근 읽은 책의 한 문장이 떠올랐습니다. S씨가 이 맛을 기억하며 당분간 하루하루가 조금 더 편안하기를 속으로 바랐습니다.

그로부터 열흘 뒤, 고등학교 친구 E가 하룻밤 자고 간 어느 주말입니다. 일요일 아침상을 차리기 위해 다시 한 번 저의 '필살 식탁'을 차렸습니다. 어쩌다 보니 거의 똑같은 음식들이지만, 달라진 게 있다면 계란말이에 양파를 다져 넣지 않고 소시지야채볶음 대신 냉동고에 있던 치킨너겟을 튀겨 레시피가 한층 간소해진 점입니다. 의도치 않게 노란색 투성이인 밥상이 되었지만, 친구는 무척이나 맛있게 먹어주었습니다. 식사를 마치고 얼마 전 제주에서 얻어온 메밀 티백으로 차 한 잔을 마시며 사이좋게 책도 읽었습니다.

언제 어느 상황에서나 자신감을 갖고 내어줄 수 있는 식사, 그것을 '필살 식탁'이라고 불러봅니다. 꼭 메뉴가 여러 개일 필요는 없습니다. 한 가지여도 충분합니다. 맛있게 먹어주길 바라는 마음을 담아, 익숙하고 단순한 레시피로 가볍게 그러나 정성껏 만든 소박한 음식. 그런 음식들로 구성된 나만의 차림표를 한 가지쯤 가지고 있어도 좋지 않을까요? 누구에게나 소중한 사람을 위해 마음을 내어주고 싶은 순간은 찾아오기 마련이니까요. 위로의 편지나 선물도 좋지만 가끔씩은 김이 모락모락 나는 따뜻한 한끼로 사랑을 전해봅시다. 밥을 먹으며 무르익는 대화마저 고스란히 추억으로 남을 것입니다.

혼자 살더라도 식기 세트는 두 쌍 이상 구비해 두는 건 어떨까요? 서너 쌍 정도 가지고 있으면, 손님이 직접 마음에 드는 식기를 고를 수도 있습니다. 다음엔 누구와 식사를 하며 차림표에 어떤 메뉴들이 추가되어 갈지 기대됩니다.

추신. 퇴고를 하는 지금, 어느덧 연말을 바라보는 겨울입니다. 조만간 루우를 넣은 크림스튜를 뭉근히 끓여 사랑하는 사람들을 초대해야겠습니다.

61 리셋을 위한 법칙

어떤 일을
뭉근하게
해 봅니다.

며칠 훌쩍 여행을 다녀오거나 고작 이틀 정도 본가에 다녀오는 것만으로도 일상의 리듬은 쉽게 무너집니다. 그럴 때마다 리셋을 위한 시간을 갖습니다. 리셋이라고 하면 한바탕 청소를 하거나 한숨 푹 자는 것, 차를 마시는 등 구체적인 행동을 할 수도 있겠지만 과연 리셋이 '동사'의 문제인가 하는 의문이 듭니다. 사람마다 일상의 리듬을 되돌리기 위한 행동은 제각각일 테니까요. 사실은 '부사'의 문제가 아닐까요?

제주 여행을 다녀온 뒤로 또 한 번 생활의 리듬을 바로잡고 있는 요즘입니다. 그러다 문득 리셋을 위한 단순한 법칙을 깨달았습니다. 바로 어떤 것을 '뭉근히' 하는 것입니다. 평소 하던 것들을 도장깨기 하듯 척척 해내는 것이 아니라, 평소와는 다른 속도와 밀도로 해 보는 것입니다.

'뭉근히'의 뜻은 이렇습니다. '세지 않은 불기운이 끊이지 않고 꾸준하다'. 저는 '뭉근히'라는 말을 들으면 냄비에 잼을 천천히 저으며 오랫동안 졸이는 장면이 떠오릅니다. 리셋을 위해서는 바로 잼을 끓일 때와 같은 농후한 밀도와 여유로운 속도가 필요합니다.

리셋을 하는 이유는 다름 아닌 정보를 처리하기 위함입니다. 비일상을 보내며 쏟아져 들어온 낯선 감각과 감정, 생각들을 차근차근 정리할 여유가 필요합니다. 그러기 위해서는 시간의 감각을 마치 슬라임을 당기듯 쭈욱 늘려 놓을 필요가 있습니다.

비일상으로부터 돌아올 때 몸과 마음은 내팽겨쳐지다시피 현실로 던져집니다. 비일상과 일상의 경계를 부드럽게 풀어주기 위해서는 다짜고짜 '일상으로'가 아닌 '일상 속의 비일상'이라는 브릿지를 놓아주어야 합니다. 매일 하던 일을 하되, 그것을 평소보다 훨씬 천천히 그리고 오래 하면서 말입니다.

평소 샤워를 할 때 거품을 쓱쓱 묻혀 5분 만에 마쳤다면, 리셋을 할 때는 10~20분 들여 뭉근히 해 봅니다. 따뜻한 물로 몸을 천천히 예열하고 부드럽게 마사지하듯 문지릅니다. 책을 읽을 때도 마찬가지입니다. 평소에는 30분씩 짤막하게 읽는다면, 소파에 앉아 1-2시간 정도 뭉근히 읽는 시간을 가져 봅니다. 뭉근히 일기를 써도 좋고, 뭉근히 커피를 마셔도 좋고, 뭉근히 식사를 해도 좋습니다. 그러기 위해 다른 일은 조금 미뤄두어도 괜찮습니다. 중요한 것은 눈앞에 놓인 행동을 '잼을 졸이는 것처럼' 공들여 하면서, 일상 속으로 천천히 걸어 들어오는 것입니다.

여행을 할 때 평소보다 하루가 알차게 느껴지는 이유는 머릿속으로 흘러 들어온 정보들을 처리해야 하기 때문이라고 합니다. 그 정보들을 차근차근 정리하기 위해서는 일상의 문을 우선 조심스레 똑똑 노크하고 기다려야 합니다. 비유하자면 과일과 물, 설탕 등의 재료들을 너무 작지도 세지도 않은 불로 차분히 졸이면서 점점 부드러운 잼의 형태로 만들어 가듯, 낯선 정보로 마구 뒤엉킨 비일상을 차분히 휘저어가며 풀어내는 것입니다.

새 계절로 들어서는 요즘, 슬금슬금 리셋이 필요해졌다면 오늘의 할 일을 평소보다 뭉근히 잼을 졸이듯 해 보면 어떨까요? 어느덧 일상 속에 안전하게 돌아와 있는 자신을 발견하게 될 것입니다.

62 어떤 치약을 쓰고 있나요?

가장
싼 것에서
벗어납니다.

어떤 치약을 쓰고 있나요? 이름이 떠오를 수도 있고 색깔이 떠오를 수도 있을 것입니다. 어제까지의 저라면 이렇게 대답했을 것입니다. 아무쪼록 가장 싼 것. 치약은 마트에 가서 가장 저렴한 것을 고른다. 이것이 그동안 저의 기준이었습니다. 어디까지나 치약이니까요. 거품이 나서 이를 닦을 수만 있다면 된다는 생각이었습니다. 간혹 디자인이 예쁘고 기능이 좋다는 이유로 만 원쯤 하는 치약을 보면 기겁하곤 했습니다.

얼마 전, 지인의 집에 놀러 갔다가 쾌적한 생활 수준에 감탄했던 일이 있습니다. 많은 디테일이 있었지만 기억에 남는 것은 치약이었습니다. '무슨 치약이 저 가격이야?'라고 혀를 내두르곤 했던 바로 그 치약이 욕실에 놓여 있었습니다. 하지만 그순간 제 마음을 두드린 것은 치약이 아니었습니다. 사소한 치약조차도 '저렴한 것'이 아닌 다른 기준으로 고를 수 있다는 것. 그 여유로운 선택에서 오는 풍요로움이었습니다.

무조건 가장 싼 것을 고집하게 되는 물건들이 있습니다. 주방세제, 칫솔, 치약 등이 그렇습니다. 비싸나 저렴하나

기능이 거기서 거기인 것은 일단 가격부터 봅니다. 그리고 가장 가성비 좋은 것을 고릅니다. 물건을 사는 데 있어 거의 모든 기준이 '얼마나 저렴한가'로 일단락됩니다. 하지만 그렇게 고른 물건들은 점차 집 안 곳곳을 잠식합니다. 그리고 우리는 매일 그 물건을 만지고 사용합니다.

오늘 아침 치약이 동났을 때 처음으로 다른 치약을 써 봐야겠다는 마음이 솟았습니다. 평소처럼 가격표부터 보는 것이 아니라 조금 가격대가 있어도 좋으니 쓸 때마다 기분 좋을 치약, 더 건강하고 기능이 좋은 치약으로 골라보자고 생각했습니다. 선택의 기준을 '돈'이 아닌 '좋은 기분'으로 둔 것입니다. 유튜브에서 치과 의사가 추천하는 치약을 찾아 본 뒤 올리브영에서 새로운 치약과 칫솔을 샀습니다.

평소와는 다른 기준으로 치약을 고르자 묘한 기쁨이 들었습니다. 고르는 과정도 즐거웠지만 무엇보다 치약이 이전과는 다르게 보였습니다. 동날 때마다 다시 사야 하는 생필품이 아니라 이를 보호하는 케어용품이라는 역할이 처음으로 와닿았습니다. 평소와 다른 기준으로 고른 치약 덕분에 욕실의 풍경도 화사해졌습니다. '돈, 돈, 돈'이 아닌

'도움되고 아름다운 것'을 기준으로 구매하니 생활에 대한 풍족함도 차올랐습니다.

그래봤자 치약, 이라는 생각이 들 수도 있겠지요. 하지만 일상 속에 놓인 물건들은 모르는 사이에 다양한 감정을 유발합니다. 빠듯한 형편을 떠올리게 하는 물건, 무리해서 산 탓에 죄책감이 드는 물건, 오래 고민해서 산 뿌듯한 물건, 선물 받은 고마운 물건…. 이렇듯 물건마다 내뿜는 에너지가 다릅니다. 넉넉하지 않은 형편을 생각하며 고른 물건은 볼 때마다 궁핍함을 상기시킵니다.

가장 싼 것만을 고르던 습관이 있었다면 한 번 과감히 벗어나 보는 건 어떨까요? '조금 더 풍족했다면 과연 이걸 샀을까?'라는 질문에 그렇지 않다는 대답이 나오면 이번에는 가장 싼 것이 아니라 정말로 집에 두고 싶은 물건으로 골라 봅시다. 늘 똑같던 집이 다르게 느껴질 테니까요.

추신. 치약은 불소 함유량이 1000ppm 이상인 것을 사용합니다. 미백 치약은 우선 이와 잇몸을 튼튼히 만든 뒤에 도전해 보는 건 어떨까요?

63   기분 좋은 집을 만드는 물건들

핸드워시를
바꿔
보세요.

핸드워시를 바꿨습니다. 치약을 바꾼 얘기에 이어서 이번에는 핸드워시에 대한 이야기입니다. 그동안 손을 씻을 수만 있다면 뭐든 좋다는 생각으로 대충 집에 쟁여 둔 비누로 손을 씻어 왔습니다. 저렴한 데다가 자연히 닳아 없어지니 환경에도 도움이 되어 제격이라 생각했습니다. 그러나 며칠 전부터 핸드워시로 바꾸고 싶다고 생각한 것은, 손을 씻는 물건이야말로 기분 좋은 집을 만드는 기본의 물건이라는 생각이 들었기 때문입니다.

기분 좋은 집이라는 건 어떤 집일까요? 깨끗한 집, 향기로운 집, 볕이 드는 집 등 여러 가지 기준이 있겠지만 역시 가장 중요한 것은 환대력입니다. 말하자면 나를 반겨주는 힘입니다. 집에 들어왔을 때 두 팔 벌려 나를 안아 주는 느낌, 다정다감하게 말을 걸어주는 느낌이 그렇습니다. 그러한 환대력을 결정짓는 가장 중요한 요소는 집에 들어 왔을 때 첫 번째로 마주하는 것들입니다. 현관의 모습, 은은하게 풍기는 집 안의 향, 집에 오자마자 하는 첫 동작 등 이 순간들이 얼마나 세심하게 세팅되어 있는지에 따라 집을 떠올릴 때 느껴지는 기분이 확연히 달라집니다.

집에 돌아오자마자 욕실로 향해 손을 씻는다고 해 봅시다. 말라비틀어진 비누를 여러 번 문질러 손을 씻을 때와, 감각적인 디자인의 핸드워시를 부드럽게 짜 손을 씻을 때의 기분은 결코 같지 않습니다. 욕실에 들어갈 때마다 좋아하는 브랜드의 핸드워시나 비누가 세면대 위에 놓여 있는 모습을 보면 산뜻한 기쁨이 차오릅니다. 초라하던 욕실이 한층 화사해 보이고, 손을 씻을 때도 더 꼼꼼히 씻게 됩니다. 일과를 마치고 집에 돌아와 손을 씻을 때면 핸드워시가 "어서 와. 손 씻고 얼른 맛있는 저녁 먹어야지" 하고 말을 건네는 것 같습니다.

원하는 집을 상상해 봅시다. 거실의 가구, 창 밖의 풍경, 벽의 마감, 꽃병과 조명… 여러 가지 요소가 떠오르지만 늘 상상의 마지막에 이르는 것은 욕실에 어떤 물건들이 있는가입니다. 분명 이런 핸드워시와 수건과 바디워시가 있을 거야, 하면서 나를 반겨 줄 물건들을 하나씩 세심하게 그려 보곤 합니다. 그런데 그런 집, 지금 당장 만들지 않을 이유가 있을까요? 고작 핸드워시 하나만 바꾸면 되는 일인데요.

다시 돌아가 '첫 순간'을 떠올려 봅시다. 집에 오자마자 가장 먼저 어떤 행동을 하나요? 가장 먼저 손을 뻗는 물건은 무엇인가요? 가장 먼저 향하는 곳은 어디인가요? 후각에 민감하다면 마음에 드는 향의 디퓨저를 두고 가장 먼저 불을 켜는 사람은 취향에 맞는 감각적인 조명을 들일 수도 있습니다. 옷장부터 향하는 사람이라면 튼튼한 옷걸이를 장만하거나 욕실로 향하는 사람이라면 핸드워시나 비누를 마음에 드는 제품으로 구비해 둘 수 있습니다. 현관 앞에 귀여운 발매트를 놓을 수도 있겠지요.

환대력의 핵심은 아름답고, 향기롭고, 감미롭고, 부드러운 물건을 집 안에 들이는 것입니다. 자신을 환대하는 태도는 집 안 곳곳의 사소한 물건에서부터 시작됩니다.

64 저녁을 사랑하는 법

저녁에
산책을
합니다.

어느덧 밤이 되니 선선한 바람이 붑니다. 산책하기 딱 좋은 날씨입니다. 일주일에 세 번은 퇴근 후 필라테스를 하고 나머지 이틀은 바로 집으로 귀가하는 요즘인데요. 어느 목요일 저녁, 오랜만에 달려보고 싶다는 마음이 불쑥 들어 집 앞의 산책길로 나와 가볍게 달리기 시작한 것이 퇴근 후 러닝 루틴의 시작입니다.

이 산책길을 달리는 게 처음은 아닙니다. 입사하기 전에는 매일 오후 4시쯤에 나가 40분씩 조깅을 하곤 했습니다. 하지만 오랜만에 달려 나간 그날, 놀랍게도 입사 후 단 한 번도 저녁에 산책을 한 적이 없다는 사실을 깨달았습니다. 그동안 퇴근 후에도 나름 균형 잡힌 생활을 하고 있었다고 생각했는데, 한때 그렇게나 좋아했던 산책 루틴을 까맣게 잊고 있었다니요. 좋아하는 음악을 들으며 산책할 여유도 없었던가 하고 돌이켜보며 허탈한 기분을 곱씹었습니다.

러닝화를 신고 오랜만에 달리는 순간, 힘차게 내딛는 두 발바닥 아래로 푹신한 감각이 느껴져 기분 좋았습니다. 신나는 음악과 함께 사람들 사이로 힘껏 내달리자 이유 모를 해방감이 들었습니다. 온몸에 짊어지고 있던 책임감과 걱정을 한데 날려버리는 듯한 느낌으로, 여느때보다 큼직한 보폭으로 산책길을 내달렸습니다. 속도를 줄여 천천히 걸을 때는 파리의 노천 카페에서 흘러나올 법한 재즈를 들으며 초가을 밤 낭만에 젖어 보기도 했습니다. 집에 돌아가서 해야 할 것들을 생각하기도 하고, 오늘 동료들과 나눴던 대화를 떠올리기도 하고, 평소에 진득하게 곱씹고 싶었던 것을 생각하거나 고민에 대한 해결책을 모색하기도 했습니다.

그렇게 한바탕 달리고 돌아오면, 뭔가가 바뀐 느낌이 듭니다. 달리는 내내 수시로 바뀌던 풍경 때문일까요. 몸도 마음도 미래도 더 좋은 쪽으로 바뀐 것 같은 느낌이 듭니다. 머릿속이 한층 깨끗이 비워지고, 매일 나를 건강하고 낭만적인 방식으로 정화하는 기분이 듭니다. 그것뿐일까요. 일주일도 채 되지 않았는데 다리에 전에 없던 근육이 생기고 몸도 훨씬 단단해졌습니다. 그렇게 마음도 상쾌하고 몸도 튼튼한 하루하루를 보내고 있습니다.

좋아하는 노래 중에 오연준의 <풍경>이라는 노래가 있습니다. 가사에 이런 문장이 등장합니다.

세상 풍경 중에서 제일 아름다운 풍경
모든 것들이 제자리로 돌아가는 풍경

일과를 마친 저녁, 한가로이 산책을 하면 이 가사가 떠오릅니다. 낮 동안에는 모두 바쁘게 일하다가도 해가 지면 자신의 삶으로 되돌아갑니다. 저녁의 산책길을 달리다 보면, 각자 할 일을 마치고 삼삼오오 운동을 하거나 담소를 나누며 나란히 걷거나 뛰는 사람들이 있습니다. 다들 길 위에서 저녁이란 시간을 다양한 방식으로 사랑하고 있습니다.

퇴근 후에도 머릿속에 복잡한 생각들이 이어지나요? 저녁 식사를 한 후에 몸이 늘어지고 따분한가요? 그렇다면 몸을 일으켜 문 밖으로 나와 걸어 봅시다. 길 위에 남길 것은 남기고 버릴 것은 버리며 활력과 낭만이 깃든 정화 의식을 해 봅시다. 저녁을 사랑하는 소중한 하나의 방법입니다.

65 기분 좋은 생활에 필요한 리듬

가을에는
재즈를
들어 보세요.

가을만 되면 유독 재즈를 찾아 듣습니다. 재즈가 잘 어울리는 계절이라고 하면 역시 가을이 아닐까요. 제게 가을에 듣는 재즈는 단순히 음악 감상이 아닙니다. 그보다는 도시 하나를 마음에 꼬옥 품는 일에 가깝습니다. 가을만 되면 사랑에 빠지지 않고 못 배기는 도시란, 다름 아닌 뉴욕입니다.

왜인지 가을이 되면 뉴욕에 가고 싶어집니다. 클래식한 분위기가 흐르는 브라운 빌딩 골목과 노란 낙엽이 나뒹구는 애비뉴, 트렌치코트를 입은 채 커피를 한 잔 마시는 사람들이 떠오릅니다. 그래서 그냥 재즈를 듣는 게 아니라, 콕 집어 뉴욕의 가을 분위기와 어울리는 재즈를 골라 듣습니다. 재즈에 관해 전혀 몰라도 뉴욕의 가을에 어울리는 음악을 찾아 듣는 것은 썩 어렵지 않습니다. 재즈에 일가견이 있는 분들이 큐레이션해 놓은 플레이리스트가 잔뜩 있으니 구미가 당기는 썸네일과 제목의 영상을 고르기만 하면 됩니다. 맑은 하늘 아래 펼쳐진 브루클린 브릿지, 노을 지는 공원을 걷는 사람들, 노란 택시와 횡단보도가 보이는 오후의 거리…. 낭만적인 풍경에 리드미컬한 재즈 한 곡이면 저의 평범한 일상도 한순간에 뉴욕을 배경으로 한 로맨

틱코미디 영화가 됩니다.

계절이 바뀌면서 생활의 리듬이 흐트러질 때는 좋아하는 도시를 하나 품어 봅시다. 정확히는 그 도시의 리듬을 일상에 들여 보는 것입니다. 예를 들면 출근길에 뉴욕에 어울리는 재즈를 들으며 맨해튼으로 출근하는 듯한 기분을 느끼거나 센트럴파크를 산책하듯 동네의 공원을 걷다가 집 앞 카페에 들릅니다. 또는 파리에서 흘러나올 법한 샹송을 들으며 꽃집에서 꽃을 한 다발 사 오거나 벤치에서 시집을 읽을 수도 있습니다. 도쿄의 번화가에 어울리는 시티팝을 들으며 황혼녘의 드라이브는 어떤가요?

여름에서 가을로 넘어올 때 바뀌는 것은 비단 날씨만이 아닙니다. 계절의 변화를 파도 삼고서, 생활의 리듬 또한 천천히 바뀌어 갑니다. 가을을 탄다는 것은 이런 것이겠지요. 여러모로 혼란스러운 환절기에는, 매일의 리듬을 감미롭게 바꿔 기분 좋은 생활을 만끽하는 마음이 필요합니다.

다시 뉴욕의 가을에 어울리는 재즈 얘기로 돌아와, 한 곡만 소개한다면 단연 'Autumn in New York'을 꼽고 싶습니다. '뉴욕의 가을은 왜 이렇게 매력적인 걸까요?Autumn in New York. Why does it seem so inviting' 제 마음을 대변하는 듯한 이 곡을 들으며 책도 읽고 일기도 쓰고 있습니다. 여러분도 가을이 되면 유독 푹 빠지는 음악의 장르가 있나요?

추신. 사실 저는 말하자면 여름파입니다. 계절마다 나만의 플레이리스트를 만들어 보는 것은 어떤가요? 그 목록이 나의 한 해의 생활의 리듬을 보여주는 것과 다름없습니다.

질 좋은
구두를
신는다는 것.

인생 첫 로퍼를 샀습니다. 줄곧 가을에 어울리는 클래식한 구두를 하나 들이고 싶었습니다. 여러 브랜드를 살펴보다 딱 눈에 들어온 로퍼가 있었는데, 가격이 무려 17만 원이 넘었습니다. 자고로 신발은 조금 값비싸더라도 발이 편한 것이 좋다는 주의이기에 흔쾌히 구매하기로 했습니다.

그렇게 산 로퍼는 발이 편하고, 저와 잘 어울린다는 칭찬을 듣고 있습니다. 마음먹고 좋은 신발에 투자했다는 생각에 걸음걸이도 우쭐합니다. 늘 저렴한 신발만 신었을 때는 느껴볼 수 없었던 고양감, 삶의 한 부분이 업그레이드되었다는 뿌듯함도 듭니다. 그런 경험이 있나요? 평소보다 비싼 돈을 지불하고서라도 좋은 물건을 골랐던 일 말입니다.

회사 동료와 함께 백화점을 둘러봤던 그날, 저는 17만 원짜리 로퍼를 동료는 27만 원짜리 청바지를 샀습니다. 서로 "나중에 메리제인도 여기에서 사야지", "이제 다른 데서 바지 못 살 듯" 하며 좋은 물건을 구매한 기쁨을 만끽했습니다. 로퍼와 바지로 시작한 이야기지만, 비싸게 주고서라도 좋은 물건을 경험해야 하는 이유를 깨달은 날이었습니다. 그날 우리 두 사람이 새롭게 얻은 것은 '좋은 신발', '좋은 바지'란 과연 무엇인지에 대한 감각이었습니다.

평소처럼 3만 원 정도의 바지를 샀다면, 앞으로도 바지라는 것이 어디까지 편해질 수 있는지 몰랐을 것입니다. 입어보지 않으면 앞으로도 쭉 모릅니다. 신발과 바지만이 아닙니다. 좋은 음식을 경험하기 위해 파인다이닝에 가 보는 것, 좋은 서비스를 경험하기 위해 좋은 호텔에서 숙박해 보는 것. 새롭게 알고 싶은 영역이나 가치 있다고 여기는 분야에 기꺼이 돈을 지불해 보는 것. 좋은 소비를 통해 격을 높인다는 건 이런 것일 것입니다. 먹어 보지 않으면 모르고, 타 보지 않으면 모르고, 가 보지 않으면 모르는 것이 있습니다.

물론 모든 물건이 몇 십만 원대로 고급스러울 필요는 없습니다. 형편을 생각하지 않고 무리한 사치를 부려서도 안 되겠지요. 다만 저렴한 바지를 5벌 살 돈으로 질 좋은 바지 1벌 사서 입어 보는 것, 허름한 숙소에서 5박을 할 돈으로 꼭 마음에 드는 숙소를 골라 1박을 해 보는 것. 그러한 소비를 거듭하면서 나의 안목을 높이는 값진 경험을 쌓아갈 수 있습니다. 돈을 지불한다는 것은 가치를 얻는다는 것입니다. 나에게 기분 좋은 생활을 위해 무엇에 돈을 지불하고 경험할 가치가 있는지 배울 수 있는 귀한 기회가 일상 곳곳에 숨어 있습니다.

조만간 어떤 물건을 구매할 예정이라면, 감당 가능한 예산 안에서 조금 더 가치에 중점을 둔 소비를 시도해 보는 건 어떨까요? 질 좋은 물건이란 어떤 것인지에 대한 나만의 기준이 분명히 생길 것입니다.

67 보살핌의 차림새

직접 고른
잠옷을
입습니다.

스무 해 넘게 잠옷을 입는 생활을 해 왔습니다. 하지만 역설적이게도 한 번도 직접 잠옷을 골라 본 적이 없습니다. 여태껏 엄마가 사 준 잠옷만 입어 왔다는 것을 불과 얼마 전 깨달았습니다. 그리하여 '직접 잠옷 고르기'에 도전해 보았습니다. 오롯이 제가 좋아하는 디자인, 좋아하는 소재, 좋아하는 색의 잠옷을 고르고 말겠다는 담백한 곁의로, '안락한 방 안에서 어떤 잠옷을 입고 싶을까?'하며 상상의 나래를 펼쳤습니다.

잠옷을 골라본 적이 있나요? 잠옷을 고를 땐 외출할 때 입는 옷을 고를 때와는 마음가짐이 달라집니다. '어떻게 보일까'보다는 '어떤 게 편안할까'라는 질문이 먼저 떠오릅니다. 아무래도 밖에서 입는 옷은 남의 시선을 신경쓰게 될 뿐더러 옷의 종류에 따라 마땅히 이래야 한다는 기준도 있습니다. 길거리에서 어떻게 보일지, 주변 사람들에겐 어떤 취향의 사람으로 보일지, 거울 앞에서 얼마나 다리가 얇아 보일지 여러모로 따져보지 않으면 안 됩니다.

하지만 잠옷을 고를 때는 도시 속 인파 사이를 누비는 나의 모습이 아니라 집 안에 조용히 머무는 나의 모습을 상상하면 그만입니다. 그 장면의 한가운데 좋아하는 잠옷을 입은 나의 모습이 있습니다. 주변으로는 거실의 풍경과 부엌의 탁자, 침대 등의 가구, 반려견이나 반려묘, 카펫이나 실내화 등 안락한 가구와 사물들이 있습니다. 잠옷을 고르는 일은 외부로 향해 있던 시선을 나의 가장 사적인 곳으로 돌려, 그 안에 놓여 있는 것들을 애정 어린 시선으로 하나하나 살펴보는 과정입니다. 그리고 그것들과 잘 어우러지는, 이른바 '안락함을 위한 컬렉션'을 신중히 고릅니다. '취향' 이전에 '보살핌'을, '풍요' 이전에 '안전'의 감각을 고르는 것입니다.

타인 앞에서 부끄럽지 않은 옷이 아니라, 나에게 가장 편안한 옷을 고른다. 그것이 잠옷을 고르는 기본입니다. 그런 기준을 유념해 잠옷을 고르면, 나를 위한 가장 안락하고 수수한 차림이 탄생합니다. 조금 통이 넓어도, 칙칙한 색이거나 화려한 체크여도 아무렴 좋습니다. 참고로 저의 잠옷 고르기 기준은 이렇습니다.

1. 면 100% (면 100%만큼 산뜻한 소재도 없으니까요)
2. 소매가 짧지 않을 것 (손목과 발목이 드러나면 꽤 서늘

합니다)
3. 민무늬의 하얀색으로. (집 안의 물건은 가능한 한 단순한 디자인으로 고르고 싶습니다)

집에서 편안하게 있을 수 있는 잠옷을 챙겨 입는 습관은 생활의 '모드mode'를 바꾸는 가장 쉬운 방법인 동시에, 집이라는 공간에서만큼은 어떤 상태로 머물 것인지 스스로 결정하는 행위입니다. 즉, 잠옷은 나 자신을 기꺼이 안락한 상태에 놓아두겠다는 결심이 담긴 '보살핌의 차림'인 것입니다. '안락安樂하다'는 것은 몸과 마음이 편안하고 즐거운 상태를 말합니다. 그런 안락함을 위해서는 무엇보다 '나를 편안하게 만든다'라는 마음가짐, 더 나아가 생활에의 책임감이 필요합니다.

따뜻한 물로 샤워를 하고 내가 고른 잠옷으로 갈아 입는 저녁을 떠올립니다. 안락한 생활에 대한 사랑과 책임감이 살포시 솟아나는 순간입니다. 곧 겨울입니다. 민낯에 가장 어울리는 따뜻하고 수수한 잠옷을 골라보세요.

내가
사랑한
흰 물건들.

흰 물건을 몇 개나 가지고 있나요? 종이나 지우개, 휴지 같은 물건을 제외하면 의외로 없을지도 모릅니다. 미니멀한 디자인을 좋아하는 사람이라면 컬렉션까지 있을지도 모르겠지만, 흰 물건은 때가 타기 쉽고 관리가 어려워 손사래를 치는 사람도 많습니다. 일용품이 쉽게 더러워지는 것만큼 곤란한 일도 없으니까요. 그럼에도 불구하고 흰 물건을 사랑할 수밖에 없는 매력이 있습니다. 왜냐하면 흰 물건은 얌전하고 너그럽기 때문입니다.

얌전하고 너그럽다는 것은 무슨 뜻일까요? 그것은 함부로 우리의 의식에 침투하지 않는다는 뜻입니다. 색상은 저마다 고유의 심상을 가집니다. 아이보리나 베이지색은 따뜻함과 차분함, 노란색은 즐거움, 초록색은 싱그러움과 생명력, 파란색은 시원함, 빨강은 흥분과 정열. 그래서 우리는 물건을 볼 때 은연중에 사사로운 감정에 휩쓸립니다. 분홍색에서 행복을 느끼고 금색에서 풍요로움을 느끼고 갈색을 통해 포근함을 느낍니다. 물건들은 지금 이 순간에도 특정한 심상을 우리의 의식 속에 흘려보내고 있습니다.

하지만 흰 물건은 조용합니다. 한발짝 뒤로 물러나 다소곳이 놓여 있습니다. 흰 접시와 흰 컵이 놓인 따사로운 식탁을 상상해 봅시다. 지금 눈앞에 있는 물건들이 모두 흰색이라면 어떤 느낌일까요? 머릿속이 명쾌해지고 마음이 깨끗해지는 기분이 듭니다. 잡생각이 사라지고 청순함이 슬며시 번집니다. 흰 물건은 미니멀리즘이나 화이트 인테리어에만 유용한 것이 아닙니다. 자신이 놓인 풍경에 숨과 여백을 틔워 줍니다.

흰 물건의 깨끗하고 고요한 정취는 명상의 기분을 선사하기도 합니다. 덕분에 우리는 흰 물건 속에서 편안히 숨을 고를 수 있습니다. 또한 흰 물건은 언제 어느 상황에서도 산뜻한 모습으로 일상을 채워줍니다. 흰 양말은 어떤 옷차림에도 부담없이 착용할 수 있고, 흰 그릇은 어떤 음식을 담더라도 단정한 상을 차릴 수 있으며, 흰 편지지는 귀한 사람에게 보내더라도 품격을 갖출 수 있습니다.

소란스러운 일상에 단정하고 순수한 감각이 필요하다면 흰 물건을 애용해 봅시다. 흰 물건은 아기처럼 부드럽고 조심히 다루게 되어 물건과 일상을 대하는 마음가짐도 신중하고 다소곳해집니다. 그렇게 일상 속에 경건한 마음이 조금씩 스며들어 평화롭고 청초한 삶이 하루하루 이어집니다.

추신. '이것은 무조건 흰색으로' 하며 고집하는 물건이 있나요? 저는 아무래도 흰 양말인 것 같습니다. 이런 것 하나쯤은 흰색으로 가지고 있으면 좋을 것 열 가지를 소개합니다 : 흰 잠옷, 흰 그릇, 흰 편지지, 흰 양말, 흰 수첩, 흰 스창수건, 흰 컵, 흰 가방, 흰 찻잔, 흰 이불.

69 산뜻한 삶의 연쇄

끝이
기분 좋은
선택.

아무쪼록 끝이 기분 좋은 것을 고른다. 이런 얘기를 한 것은 동료인 정화님과 퇴근 후 필라테스를 마친 직후였습니다. 한껏 상기된 얼굴로 옷을 갈아입는데 "역시 필라테스는 하고 난 '후'가 좋아"라더군요. 저도 문득 떠오르는 게 있어 말했습니다. "목욕도 마찬가지지 않아요? 하기까지는 귀찮은데 하고 나면 그렇게 기분 좋을 수가 없잖아요." 그러자 정화님은 이런 말을 덧붙였습니다. "그러고 보면 대개 그런 것들이 삶에 이로운 것 같아요. 대표적으로 운동. 할 땐 괴롭지만 막상 하고 나면 개운한 것들요."

끝에 가서 기분 좋은 것. 그런 생각을 하다 불과 전날의 일이 떠올랐습니다. 건강한 식습관을 실천하기로 다짐했던 저희는 점심을 먹고 난 뒤 르뱅쿠키를 먹을지 말지 몹시 고민을 하던 중이었습니다. 하지만 머릿속에 둥둥 떠다니는 쿠키를 지울 수 없어 결국 "반띵하죠?"라는 타협과 동시에 기다렸다는 듯이 카페로 달려갔습니다. 그렇게 사 온 쿠키는 5분 만에 먹어치웠고, 덕분에 기운이 나서 오후의 업무에 즐겁게 임할 수 있었습니다. 비록 몸에는 좋지 않은 쿠키를 먹었지만, 만족스러운 선택을 했다는 뿌듯함이 들었습니다.

그날 저녁에는 치맥 파티를 했습니다. 치킨 두 마리와 떡볶이, 감자튀김까지 정신없이 먹어치우고 말았습니다. 먹을 때는 신바람이 났지만 결국 새벽 두 시까지 소화가 되지 않아 속이 불편한 채로 잠에 들어야 했습니다. 지금 이 괴로운 상태를 꼭 기억하자, 하고 되뇌며 다음에는 결코 과식하지 않겠다고 다짐했습니다.

끝이 기분 좋게 마무리되는 것을 고르는 것은 꽤나 인내심이 필요한 일입니다. 그러한 행복은 대체로 즉각 나타나지 않기 때문입니다. 목욕 후의 상쾌함, 운동 후의 개운함 같은 건 눈앞에 놓인 치킨의 달짝지근함, 유튜브 영상의 흥미진진함보다 훨씬 뒤늦게 찾아옵니다. 때로는 그 단계까지 이르기 위해 성가신 단계를 견뎌야 하기도 합니다.

하지만 진정한 쾌적함의 연쇄를 위해서 가장 중요한 것은 산뜻한 마무리감입니다. 마무리가 산뜻하면 그 기분을 발판 삼아 더 기분 좋고 이로운 다음 상태를 향해 나아갈 수 있습니다. 그러나 끝이 불쾌하면 부정적인 감정에 휩싸여 또 좋지 못한 쪽을 고르는 악순환에 빠지기 쉽습니다. 그렇기에 말하자면 '치맥'이 아닌 이왕이면 '르뱅쿠키'와 같은 선택을 해야 하는 것입니다.

어떤 쪽을 선택할지 고민이 되거나 어떤 행동을 하기가 망설여질 때는 산뜻한 마무리를 기준으로 삼아 봅시다. 어떤 선택이 끝에 가서 기분 좋을지 상상해 봅니다. 당장 편안해도 나중에 찝찝할 것 같다면, 조금 불편함을 견디더라도 마무리가 상쾌할 만한 선택을 해 봅시다. 좌우지간 끝이 기분 좋은 선택을 합니다. 그런 결정들이 이어져 인생의 별것 아닌 순간을 더 이롭게 만들어 주는 것이 아닐까요?

추신. 이 글을 쓰면서 초코칩 쿠키가 또 먹고 싶어져서 혼났지만 꾹 참았습니다. 애꿎은 물만 벌컥벌컥 마시고 있지만, 이 결정이 또 한 번 저의 삶을 이롭게 만들었겠지요.

70 계절의 단맛

가을을 품은
간식을
먹습니다.

어쩌다 보니 '밤 투어'를 하고 있습니다. 앙증맞고 구수한 밤 디저트를 먹는 요즘입니다. 가을에는 아무래도 고소하고 달달한 것이 끌리는 법인지, 자꾸만 식탁 위에 탐스러운 가을 간식을 올려두고 싶습니다. 주말마다 맛있는 가을 디저트가 없나 두리번거리며 카페를 고릅니다. 원래 디저트를 꼬박꼬박 곁들이는 타입이 아닌데, 요즘은 라떼가 맛있는 집이나 글쓰기 좋은 테이블이 있는 곳보다 맛있는 제철 디저트를 구워내는 카페에 끌립니다.

간식으로도 계절을 즐길 수 있구나, 그런 생각을 한 것은 얼마 전 대구로 여행을 갔다가 '페코pekoe'에서 가을의 화과자를 맛보았던 날이었습니다. 먼저 시원한 차로 입맛을 돋운 후, 단아한 그릇에 다소곳이 놓인 화과자를 맞이했습니다. 가을의 정취가 물씬 풍기는 색감과 섬세하게 빚어낸 모양새에 혀보다 눈이 먼저 즐거웠습니다. 노을 지는 하늘과 잠자리를 홍옥 사과와 앙금으로 표현한 '노을', 단풍이 든 울긋불긋한 산을 햇밤고구마 앙금과 구수한 버터, 검정깨로 층층이 표현한 '가을산', 노란 단호박 앙금 위에 우아한 꽃무늬를 새긴 '국화', 밤조림을 옥광밤으로 만든 반죽으로 감싼 '쿠리킨톤'까지. 바쁜 일상을 살며 잊고 있던 가을 풍경이 한꺼번에 쏟아져 들어왔습니다. 어느새 낙엽처럼 차분히 가라앉은 마음 위에 잠자리가 나는 붉은 하늘과 흙내음이 나는 산의 정경이 차례차례 포개졌습니다. 식탁 앞에 앉아 차 한 잔과 디저트를 맛본 것만으로 가을을 만끽하는 여행을 떠나 온 기분이 들었습니다. 사과와 밤, 단호박의 상큼하고 구수한 맛의 매력에 푹 빠져 '이것이 가을의 맛인가…' 하고 뿌듯한 마음을 조물딱거렸습니다.

계절이 오롯이 깃든 간식에 애틋함을 느낀 건 그때부터일까요. 그 후 서울에 올라와서도 카페에 가면 평소에 먹을 수 있는 스콘이나 케이크보다 제철 음식이 들어간 디저트를 고르고 있습니다. 그렇게 월요일에는 호지라떼와 함께 밤만쥬를 먹고, 토요일에는 따뜻한 드립커피와 함께 밤 몽블랑을 먹었습니다. 흙의 질감이 고스란히 느껴지는 그릇 위에 놓인 작고 귀여운 밤 모양의 만쥬를 아작아작 깨물으며 책도 읽고, 바삭한 타르트 위에 얹어진 구수한 커피밤 크림과 밤조림을 조심스레 쪼개먹으며 따사로운 늦가을을 보내고 있습니다. 더 추워지기 전에 사과 파이나 단호박 수프도 맛보고 싶군요.

꼭 가을이 아니더라도 언제든 계절을 오롯이 품은 달콤한 간식을 식탁에 올릴 수 있습니다. 여름엔 복숭아나 무화과, 곧 다가올 겨울엔 딸기를 먹어도 좋습니다.

소박한 그릇에 담긴 제철의 맛을 사랑해 봅시다. 계절을 누린다는 것은 지금 이 순간 무엇을 즐길 수 있는지 알아채고 마음을 쏟는 즐거움을 만끽하는 것입니다. 보통날 속에서 뭉근히 음미하는 계절의 단맛은 풍요로운 일상을 켜켜이 포개어 다음 계절로 나아가는 힘이 됩니다.

71 사랑스러운 일상의 유희

식탁에
색깔을
더해 보세요.

또 대구 여행 이야기입니다. 뽀얀 분홍색 식탁. 그것이 제가 대구에서 어느 브런치 카페를 고른 이유였습니다. 구엽고 아기자기한 메뉴의 향연보다도 가장 눈에 띄었던 것은 파스텔톤의 테이블이었습니다. 어떤 메뉴를 골라도 이 테이블 위에서라면 기분 좋게 먹을 수 있을 것 같다는 기대가 들어 이곳으로 향했습니다.

버섯크림파스타와 아메리카노를 주문하자 파스타 소스에 찍어 먹을 수 있는 바게트 두 조각과 당근라페도 같이 곁들여 나왔습니다. 상차림을 보자마자 입맛이 화사하게 돌고 기분이 말랑말랑해져 '아, 색깔을 즐기는 음식도 있구나'하고 생각했습니다.

한 사람을 위해 준비된 식탁인데도 참 다양한 색깔이 어우러져 있었습니다. 분홍색 테이블, 뽀얀 빛깔의 크림파스타 소스, 그 위에 토핑된 옅은 갈색의 버섯과 싱싱한 초록빛 루꼴라, 그 사이사이 드러난 노란색 면, 주황색 당근라페와 따뜻하게 익은 노란빛 바게트, 알록달록한 무늬의 그릇과 코스터까지…. 마치 소꿉장난의 한 장면처럼 정겨운 정취와 애교가 느껴지는 식탁이었습니다.

음식이 있는 풍경에 색깔을 곁들이면 일상이 귀여워지고 생기가 퐁퐁 솟는 기분이 듭니다. 평범한 흰색이나 원목 테이블이 아닌 통통 튀는 색깔의 테이블을 두면 집 안의 분위기가 어떻게 달라질지 상상해 본 적 있나요? 가구가 아니더라도 개성 넘치는 예쁜 그릇에 음식을 담거나 예쁜 색실로 두툼하게 짜인 티코스터를 컵 아래 깔아 볼 수도 있습니다.

식재료의 배색을 고려한 레시피를 만들어 보는 건 어떨까요? 하나의 메뉴에도 여러 가지 색이 조화롭게 어우러질 수 있도록 식재료에 변주를 주는 것입니다. 김치볶음밥 위에 반숙 계란후라이로 포인트를 주면 빨강과 노랑, 온통 풀떼기뿐인 샐러드 위에 빨간 방울토마토를 얹으면 초록과 빨강, 고슬고슬 지어진 밥에 초록색 완두콩이 알알이 박힌 모습은 얼마나 귀여울까요.

이 브런치 카페에는 식탁 위의 하늘색 꽃병, 하얀색부터 라임색 의자들, 검은색 조명도 한데 놓여 알록달록한 공간을 구성하고 있었습니다. 이런 식으로 가구나 식물을 활용해도 좋고, 식탁 위에 과일을 담은 접시를 덩그러니 놓아

두면 한 폭의 정물화 같은 풍경을 만들 수도 있습니다.

편안한 공간을 만들기 위해서는 너무 많은 색을 사용하지 않아야 한다고 하지만, 때때로 마음에 드는 색을 곳곳에 심어 두면 자칫 지루해지기 쉬운 우리의 일상에 소소한 유희가 되어 줍니다. 공간을 꾸미거나 음식을 차리는 등 일상 속 장면을 완성할 땐 색을 조화롭게 활용해 봅시다. 기분 전환에 도움이 되고 일상도 조금 더 사랑스러워집니다.

72 물건에 기분을 담는 것

나는
타인의
풍경입니다.

아침부터 괜히 기분이 언짢은 날이 있습니다. 목요일 아침, 친구에게 손편지를 부치러 우체국을 찾았습니다. 예쁜 편지 봉투에 주소를 적고 싶지 않아 따로 우편 봉투에 넣어 부치려 했지만 미세하게 크기가 맞지 않았습니다. 하는 수 없이 편지봉투에 주소를 적고 창구로 갔습니다. 하지만 아뿔싸, "받는 사람과 보내는 사람 위치가 뒤바뀌었어요"라더군요. 큰 서류용 봉투를 구매해 주소를 다시 적어 오라는 말에 그만 기분이 고약해졌습니다. 평소라면 바보 같은 실수라고 웃어넘길 수 있는 일인데, 테이블로 돌아가 손에 들고 있던 편지를 내팽개치듯 내려놓았습니다. 그때 앗, 하며 부끄러운 마음이 살포시 들었습니다. '다른 것도 아니고 손편지에 분노를 싣다니…' 편지 위에 적힌 친구의 이름이 저를 꾸짖는 듯한 기분이 들었습니다.

몇 시간 지나지 않아, 회사로 향하는 버스 안에서 있었던 일입니다. 돈을 제대로 내지 않은 한 할머니 승객에 화를 내며 계속 구시렁거리던 기사님은 몇 정거장을 지나는 내내 버스의 문을 여는 레버를 연신 거칠게 오르내리길 반복했습니다. 앞 좌석에 앉은 저는 그 모습을 모두 지켜보고 있었는데, 문득 그런 생각이 들었습니다. 누군가의 감정은 타인의 풍경이 된다고 말입니다. 기분이 나쁘다는 것을 드러냄으로써 화풀이를 할 심산이었겠지만, 무자비한 손길에 확확 꺾이던 레버 주위에 감도는 폭력과 긴장은 그날 저의 아침의 한 장면이 되어버린 셈입니다.

감정은 원래 눈에 보이지 않는 것입니다. 어떤 식으로든 겉으로 드러내기 전까지는 말입니다. 주로 말이나 표정을 통해 표현하지만, 우리는 종종 애꿎은 물건을 빌려 기분을 드러냅니다. 감정을 표현하기 위해 물건을 사용하는 순간, 기분은 물리적으로 형상화됩니다. 그렇게 형상화된 감정은 더 이상 혼자만의 것이 아닙니다. 마치 잔잔한 호수에 돌을 던지듯 타인의 풍경에 날카로운 긴장을 일으킵니다.

어릴 적 저는 그릇을 통해 엄마의 눈치를 보곤 했습니다. 퇴근하고 돌아온 엄마가 설거지를 할 때면, 엄마의 기분을 단박에 알아챌 수 있었습니다. 주방 쪽에서 그릇들이 깽, 하고 부딪히던 거친 소리는 아직도 푸르스름한 유년의 풍경으로 남아 있습니다. 어른이 된 지금에야 일하고 돌아와서도 집안일을 해야 했던 엄마의 서운함을 이해할 수 있지만, 그것과는 별개로 물건을 통해 드러내는 날 선 감정은 모르는 사이 누군가를 상처 입히고 맙니다.

물건에 화풀이를 한다는 것은 실은 우쭐해하는 게 아닐까요? 나의 기분을 노골적으로 드러냄으로써 타인이 보는 풍경을 지배하는 것이니까요. 물리적으로 형상화된 감정은 어떤 방식으로든 타인에게 영향을 미치기 마련입니다.

'나 지금 기분 상했어'라는 마음을 종종 물건에 실어 어리광부리고 있지는 않은가요? 타인이 내 감정을 알아주길 바랄 때는 물건이 아니라 제대로 된 언어로 표현합시다. 그게 아니라면 속으로 해소하는 방법을 연습합니다. 보이지 않는 감정을 겉으로 타인의 풍경으로 만든다는 것은 마법과도 같은 일입니다. 각자가 가진 그 고유한 마법을 이왕이면 따뜻하고 다정하게 보여주는 세상이 되면 좋겠습니다.

추신. 비단 나의 기분만이 아닌 자세와 표정, 옷차림 모든 것이 타인의 풍경이 된다는 사실을 늘 염두에 둡시다.

73 진심과 꾸밈의 말

이모티콘을
쓰지 않는
연습.

글이 예뻐지고 있다. 종종 제가 보낸 메시지나 답글을 보며 드는 생각입니다. 그러니까 글이 과하게 반짝거리고 있다는 느낌입니다. 그 위화감의 정체는 문장마다 찍혀 있는 이모티콘입니다. 다정하고 정성스레 적어내려간 문장 사이사이 하트라든가, 네잎클로버, 평화의 비둘기가 박혀 있을 땐 간혹 이런 생각이 듭니다. 기껏 정성껏 적은 말이 이모티콘에 '절여진' 것 같다고요.

그런 나날 속에서 가끔 이모티콘 하나 없이 활자로만 쓰인 문자메시지를 마주할 때가 있습니다. 그런 사람으로부터 받은 메시지는 잠시 멈추고 곰곰히 바라보게 됩니다. 일순 딱딱하게 느껴지기도 하지만, 기다리다 보면 서서히 믄장 뒤의 사람의 표정이 보입니다. 성격은 어떤지 말투는 어떤지, 한 사람의 말씨가 고스란히 느껴져 오히려 기품이 느껴지기도 합니다.

사실 우리가 이모티콘에 의지하는 이유는 오해를 줄이고 싶다는 마음에서 비롯됩니다. 행여 냉담하게 보일까 마음을 졸이며 글줄 사이사이를 장식투성이로 만듭니다. 어떤 이모티콘이 좋을까? 온점 대신 느낌표를 붙일까? 고민하면서 최대한 예의 바른 모습을 보여주려 애쓰는 마음은 상냥합니다. 그렇게 보면 나의 말을 더욱 풍부하게 표현해주는 이모티콘은 감사한 존재이지만, 한편으로는 우리의 섬세한 마음의 표현들을 손쉽게 대체하고 있는 것은 아닐까요? 눈물이 날 정도로 감동했다, 라는 말은 눈물을 줄줄 흘리는 이모티콘으로 대신합니다. 민망할 땐 땀방울을 흘리는 표정으로 얼버무립니다. 그렇게 우리는 기쁘다는 말을, 민망하다는 말을, 감사하다는 말을, 기대된다는 말을, 서운하다는 말을 제대로 전하지 않고 있지는 않은지요.

편지 쓰기에 부담을 느끼는 젊은 사람들이 많다고 합니다. 평소에는 이모티콘으로 탐스럽게 꾸며냈던 말을 오롯이 자신의 언어로만 표현해야 하니 어려운 게 당연합니다. 이모티콘의 도움을 받아 대화를 화사하게 꾸미는 것도 좋지만, 나의 감정을 어떻게 전해야 할지 공들여 고민하는 법 없이 언제나 이모티콘으로 간편히 얼버무리고 만다면 우리 사회의 말주머니가 빈약해지는 것은 시간 문제입니다. 그 사이 우리가 잃는 것은 각자의 고유한 말씨뿐이 아니라 문장 뒤에 한 사람이 존재한다는 실감 즉, 사람을 대하고 있다는 정중한 태도가 아닐까요?

편지를 쓰듯이 글을 쓴다, 답글을 단다, 문자를 보낸다는 것은 나의 말 이외에 다른 것의 힘을 빌리지 않고 처음부터 끝까지 내 마음으로만 이끌어 가는 것입니다. 그런 언어적 지구력을 소중히 길러나가고 싶습니다. 풍부한 단어를 알지 못해도 괜찮습니다. 앞이 보이지 않아도 점자를 더듬어 의미를 찾아갈 수 있듯이, 문장 뒤의 사람을 떠올리면서 세심히 고민하고 더듬어 가며 제대로 말할 수 있습니다. 그래서 저는 요즘 이모티콘을 쓰지 않고 문자를 보내는 연습을 하고 있습니다.

진심에 꾸밈은 필요 없습니다.
내가 고른 단어를 믿고, 온점을 찍어 봅시다.

추신. 고마워 어쩔 줄을 모르겠다면 그 마음 그대로 표현해도 좋지 않을까요? '무척 감사해서 뭐라고 표현해야 할지 모르겠어요'라는 말도 참 아름다운 것 같습니다.

물건의
태態를
존중합니다.

어느 날 수건을 걸다가 문득 이런 생각이 들었습니다. 물건에는 태態가 있어, 그 태를 존중하며 다루는 것이야말로 모든 생활의 기본이 아닐까 하고요. 갑자기 무슨 말일까요. 한 줄기 볕이 들듯 스윽 떠오른 생각을 소중히 곱씹으며 수건의 모서리를 맞춰 걸고서 욕실을 걸어 나왔습니다.

말하자면 수건은 네모납니다. 그렇기에 기본적으로 양쪽을 맞춰 모서리와 모서리를 만나도록 하면 어긋나는 데 없이 보기 좋은 모양새가 됩니다. 그렇기에 수건은 고유의 네모난 형태를 존중해 가지런히 접거나 걸면 아름답고 단정한 장면을 만듭니다. 손을 씻고 물기를 닦은 뒤 수건을 모서리를 맞추어 가지런히 걸어두는 것. 이러한 물건의 태를 존중하는 생활에는 가지런함의 미학이 깃듭니다.

마찬가지로 손수건은 가로로 한 번 세로로 한 번 접어 원래의 큰 정사각형에서 4분의 1 정도 되는 작은 정사각형을 만들면 손에 쥐기에도 가방에 넣기에도 알맞은 모양새가 됩니다. 책은 얇고 판판하므로 차곡차곡 쌓거나 높낮이 순으로 세워 꽂으면 보기 좋게 정리할 수 있습니다. 안경을 닦을 때는 손 가는 대로 빡빡 문지르는 것이 아니라 안경

알의 둥근 테두리를 따라 부드럽게 원을 그리며 닦으면 손짓이 훨씬 고와 보입니다.

'태態'라는 말은 무엇일까요? 사전에 의하면 '아름답고 보기 좋은 모양새'라는 뜻입니다. 일상의 동작은 물건의 상태를 의식하는 데에서 이루어집니다. 일종의 종이접기라고 생각하면 쉽습니다. 종이접기는 네모난 종이를 접으면서 생기는 무수한 다각형을 따라 보기 좋은 모양새를 만들어 내는 행위입니다. 그리고 종이에는 그에 따른 정교한 주름이 남습니다.

아무렇게나 걸어 둔 수건, 널브러뜨려 놓은 옷가지, 굴러다니는 연필, 쓰러진 책탑, 뭉쳐진 이불…. 고유의 태를 존중하지 않고 손이 가는 대로 물건을 다루면 생활에도 고스란히 곱지 않은 주름이 남습니다. 물건이 고유한 태를 잃어버린 풍경은 날카롭고 소란스럽습니다. 네모난 책상 위에 공책을 가지런히 둔다, 둥그런 식탁 한가운데에 꽃병을 둔다, 액자에 사진을 잘 맞춰 넣는다. 물건의 태를 존중하는 생활은 알고 보면 치밀한 디자인의 영역입니다.

셔츠의 재봉선을 고려해 다림질을 하듯이, 촘촘한 빗으로 머리카락을 곧게 빗어 내리듯이, 마루바닥의 결을 따라 먼지를 쓸듯이, 담요를 네모나게 접어 놓듯이, 스웨터를 접어 서랍에 켜켜이 넣어 두듯이, 양말을 돌돌 말아 포개어 보관하듯이, 일상의 물건들이 마땅히 있어야 할 가장 아름다운 모습으로 존재하며 생활의 풍경을 가지런히 만들 수 있도록 마음을 기울여 봅시다.

접는다. 꽂는다. 쌓는다. 꼽는다. 생활의 모든 크고 작은 동작은 고유의 태를 존중하는 것이 기본입니다. 모든 것이 놓일 풍경을 넓게 바라보고, 일상이라는 레이아웃을 세심하게 디자인합니다. 손은, 그저 그 위에 살포시 포개는 것뿐입니다.

추신. 두루마리 휴지를 뜯을 때도 마찬가지입니다. 점선을 따라 깔끔하게 뜯어 냅니다. 욕실의 풍경이 단정해지고, 공용화장실에서는 다음 사람을 위한 예의입니다.

75   기분이라는 분위기

호젓함을
호스트
합니다.

가끔 혼자서 카페에 가서 기분 좋게 책을 읽다가 집으로 돌아오는 길에 덜컹거리는 버스 안에서 문득 알 수 없는 서늘한 감정이 번집니다. 기분이 좋은 것도 나쁜 것도 아니고 슬픈 것도 화난 것도 아닌, 손님처럼 공손히 앉아 있는 이 감정은 무엇일까요. 홀딱 젖은 물수건을 손가락으로 들어올리는 듯한 기분이라기에는 건조하고 가벼운 감각입니다.

이런 기분이 드는 순간은 누구에게나 있나 봅니다. 지난 일요일, 집에 놀러 온 친구가 먼저 이야기를 꺼내더군요. 요즘 회사에서 업무를 보다가 언짢은 기분이 갑자기 든다고요. "맞아, 나도 그런데!" 반가운 마음으로 맞장구를 치며 '언짢은' 기분인 거구나, 하고 생각했습니다.

그러다 얼마 전 책에서 이런 단어를 발견했습니다. '호젓함'이라는 말을 들어 보셨나요? 그동안 어림짐작으로 해석하던 단어였는데 왜인지 그날따라 정확한 뜻이 궁금해 찾아보았습니다. '매우 홀가분하여 쓸쓸하고 외롭다'라는 뜻이었습니다. 그걸 보자 '바로 이것'이라는 명쾌한 기분이 들었습니다. 가끔씩 아무 일도 없는데 별안간 찾아오는, 무겁기보다는 가볍고 슬프지도 화나지도 않은 밍밍하고 허한 기분. 바로 '호젓함'이라는 기분이었습니다.

저는 감정을 곧잘 손님에 비유하곤 합니다. 그리고 마음 안에는 손님을 위한 작은 방이 있습니다. 늘 문이 열려 있는 그 방에는 감정이란 손님이 별안간 들어와 휘젓고 다니다가 또 홀연히 떠납니다. 그러면 저는 게스트하우스의 호스트라도 된 것마냥 제각각인 손님들을 한 발 떨어져 지켜봅니다. 홀딱 젖어 벌벌 떠는 손님에겐 담요를 건네주고, 땀을 뻘뻘 흘리는 손님에겐 부채질을 해주고, 햇볕을 만끽하고 싶어하는 손님을 위해서는 창문을 슬쩍 열어 줍니다. 대화가 필요한 손님과는 커피를 한 잔씩 내린 뒤 마주보고 앉기도 합니다.

갑자기 손님이 찾아오면 마음이 소란스럽고 분주하지만, 이내 편안히 머물다 갈 수 있도록 마음을 쓰려 합니다. "커피 한 잔 드실래요?", "방석에 앉으세요", "좋아하는 음악 틀어드릴까요?" 각 손님에 맞는 방식으로 기꺼이 방 안을 꾸밉니다. 방은 그때마다 다른 분위기가 됩니다. 볕이 깊숙이 들었다가 그늘이 드리워지고, 어떨 때는 재즈가 흐르고 팝송이 흐릅니다. 책상을 놓기도 하고 꽃병을 놓기도 합니다. 그렇게 공간 안에 감도는 분위기를 우리는 '기분'이라고 말합니다. 그러니 어떻게 감정을 성급히 정의내리며 내쫓을 수 있을까요. 이따금씩 이런저런 손님들이 찾아와 내 안의 작은 방을 잠시 호젓하게 채우다 갈 뿐입니다. 그렇다면 우린 손님에게 매 순간 어떤 것을 내어줄 수 있을까요?

어딘가 쓸쓸해 보이는 손님에게 책 한 권과 따뜻한 커피를 내어줍니다. 그런 마음으로 감정을 대하며, 기분이라는 분위기를 정성껏 만들어 갑니다. 호젓한 기분이 드는 날이면, 마음이 급하더라도 하려던 것을 잠시 내려놓고 좋아하는 것을 합니다. 책을 읽고 맥주 한 잔 마시며 영화를 보기도 합니다.

그 손님이 실은 모두 나입니다. 그 사실을 늘 염두에 두고 친절을 베풀어 봅시다. 호젓한 기분이 잦아지는 계절, 겨울입니다. 손님께 방을 빌려주는 마음으로, 오늘도 이불을 널고 물 한 잔을 내어주세요.

아침 7시,
음악을
듣습니다.

동이 채 뜨기 전 아침 7시 반. 저는 서촌의 한 카페에 와 있습니다. 연말을 며칠 앞둔 오늘, 아침부터 이곳을 찾은 이유는 음악을 듣기 위해서입니다. <월간 음감회>는 작가 무과수의 책, 카페 네스트의 차, 수관기피의 곡 큐레이션으로 구성된 행사로, 차를 마시며 한 시간 남짓 음악을 듣고자 하는 사람들이 오순도순 모여듭니다. 이번 달의 주제는 '겨울의 낭만'. 겨울에 어울리는 딸기와 귤이 들어간 따뜻한 차이티 뱅쇼를 들고 구석의 테이블에 자리를 잡았습니다. 여명에 물든 창밖 풍경에 푹 빠진 순간, 곧이어 꽃봉오리 터지듯 잔잔한 음악이 들리기 시작했습니다.

분명 책도 읽고 일기도 쓸 심산이었건만 아름다운 선율을 들으니 아무것도 하고 싶지 않아졌습니다. 동트는 창밖을 멍하니 바라보며, 아기의 손가락을 하나하나 만지는 듯한 느낌으로 음악에만 집중했습니다. 귀를 통해 흘러들어오는 풍요로운 감각을 헤아리기에도 벅찼습니다. 여기서 책까지 꺼내 든다면 마치 충분히 따뜻한 코트 위에 패딩까지 덧입는 듯한 느낌일 것만 같았습니다.

오직 음악만을 위해 시간을 할애한다. 그것은 저에게 무척 드문 일입니다. 고작해야 어떤 행동을 할 때 음악을 곁들이는 정도입니다. 일기를 쓸 때나 달리기를 할 때 '음악을 듣는다'는 동작을 더할 뿐입니다. 음악을 정말 듣고 싶은지 섬세하게 살핀 적 없이, 하루하루 오감을 마구잡이로 조합해 지내왔습니다. 음악에 귀를 기울이기 위해 시간과 공간, 더 나아가 마음을 오롯이 쓰는 일은 없었던 것입니다. 하지만 이 모임에서는 이렇게 말합니다. "바쁜 일상 속 딱 한 시간만이라도 따뜻한 차와 함께 다정한 음악에 귀 기울이는 시간을 가지면 좋겠어요."

우리는 어째서 하나의 순간에 모든 것을 욱여넣을까요? 음악을 들으면서 음악만 듣는 사람은 별로 없습니다. 책도 읽고 커피도 마십니다. 한 가지 일을 할 때 마치 키링처럼 여러 가지 동작을 곁들입니다. 하지만 그렇게 알찬 일상을 보낸다고 일상이 풍요로워지는 것은 아닙니다. 여느때보다 감각이 풍요로워진 시대이지만, 우리는 언제부터인가 오감 하나하나가 선사하는 깊고 세세한 감미로움을 헤아리는 법을 잊고 살게 되었습니다. 한 가지 감각으로만 필요한 순간을 디자인하고 큐레이션하는 힘이 빈약해지고 있는 것입니다. 그야말로 풍요 속의 빈곤입니다.

기본이란 것은, 하나만으로도 풍요로운 것입니다. 한 가지 감각에도 선물처럼 딸려 오는 풍부한 세상이 있습니다. 그것을 오롯이 만끽하는 생활이야말로 진정으로 알찬 생활이 아닐까요? 음악을 들을 때는 음악을 듣습니다. 밥을 먹을 땐 밥을 먹습니다. 오롯이 음악을 위해 귀기울이고 오롯이 식사에 미각을 곤두세운다면, 어떤 새로운 영감이 일상 속에 소복소복 쌓이게 될까요?

그동안 음악이 나의 시간과 공간, 마음을 대접했다면 오늘만큼은 내가 음악을 위해 시간과 공간, 마음을 쏟아붓니다. 늘상 수단인 것이 때때로 목적이 될 때, 생활은 낭만이 됩니다. 눈이 내렸다 녹듯 오늘 저의 아침에도 겨울의 낭만이 잠시 왔다 간 것 같습니다.

추신. 매일 아침, 서둘러 출근 준비를 하는 대신 듣고 싶은 음악을 골라 잠시 귀기울여 보는 시간을 가져 보세요.

77 나선으로 나아간다는 것

진도보다는
진전입니다.

저는 늘 '다음'을 외치는 사람입니다. 해야 할 것을 마친 후 곱씹을 여유도 없이 다음 단계로 넘어갑니다. 일이 뜻대로 흘러가 프로젝트를 쑥쑥 진척시킨 날이면 퇴근하는 발걸음도 가볍습니다. 비단 업무뿐 아니라 생활도 마찬가지입니다. 계단을 오르듯 순조롭게 쭉쭉 나아가는 일상, 1시간을 들이면 1시간의 몫만큼 정직하게 나아가 있는 일상은 누구에게나 뿌듯하고 보람찹니다.

하지만 그런 날만 있으면 얼마나 좋을까요? 실상은 아침에 적은 체크리스트 목록 중 하나라도 해결하면 다행입니다. 분명 9시간 동안 분주하게 이것도 하고 저것도 했다 생각했는데 퇴근하려니 전혀 진도를 빼지 못한 날도 많습니다. 하루면 해낼 수 있을 거라 생각한 일을 일주일씩 걸려 겨우 끝마치는 경우도 있습니다. 부단히 노력을 쏟았는데 처음부터 다시 시작해야 하는 일도 심심찮게 겪습니다. 그럴 때면 허탈한 심정으로 "오늘 아무 것도 한 게 없어!"라고 외치고 싶어집니다.

그럴 때마다 고등학교 시절, 머리가 희끗하신 어느 수학 선생님께서 해 주신 말이 떠오릅니다. "하루종일 열심히 머리를 쥐어짰는데 겨우 딱 한 문제만 풀었다고 하자. 그럼 하루가 되게 헛된 것 같지? 근데 그 한 문제를 풀 수 있게 되었다는 게 중요한 거야. 하루를 몽땅 쏟아서 고작 그 한 문제만 알게 되었더라도, 분명히 앞으로 나아갔다 이 말이야."

제자리걸음한 것 같아도 똑같이 그 자리에 있는 것이 아니다. 그 말을 종종 곱씹습니다. 인생이든 업무든 생활이든, 나아간다는 것은 나선의 형태가 아닐까요? 하루종일 열심히 작업했는데 마땅한 결과물이 나오지 않았다면 과연 진전이 없었던 걸까요? 몇 시간 동안 다양하게 시도했던 여정은 고스란히 내 안에 남습니다. 열심히 고민했는데 결국 답을 찾지 못한 경우에도, 답이 아닌 것들을 지울 수 있었습니다. 기껏 열심히 준비했는데 성과를 내지 못했더라도 분명 그 이전과 지금의 나는 다릅니다. 진도를 빼지 못했다 하더라도 분명히 진전한 것입니다.

우리는 종종 인생을 체크리스트로 여깁니다. 네모난 박스에 체크 표시를 해야 다음으로 나아간 것 같습니다. 한 시간 안에 끝내려던 일을 세 시간 걸려 해내면 시간을 낭비

한 것 같습니다. 그런 조바심 덕분에 나날이 속도감 있게 성과를 이뤄 온 우리지만, 실은 그 과정 속에서 무엇을 새롭게 알게 되었는지 충분히 생각해 볼 여유를 갖지 못한 것은 아닌가요?

언제부턴가 일을 하면서 동료에게 "어디까지 됐어요?"라고 묻지 않게 되었습니다. 대신 이렇게 묻습니다. "진전이 있나요?" 사실 동료에게 묻는 말이라곤 하지만, 스스로에게 묻는 질문입니다. 겉으로 보기엔 무엇도 해결된 것 없어 보이는 날에도, 퇴근하기 전 "진전이 있었는가"라는 물으면 언제나 대답은 YES입니다. 내가 쏟은 시간과 노력을 투명하게 간직한 정직한 성장, 진전이란 그런 것입니다.

매일 자신에게 물어 봅시다. 혹은 지난 한 해에 물어봅시다. "과연 진전이 있었나요?" 이 물음을 늘 마음 속에 염두에 둡시다. 매일 일과를 마치고 퇴근하며, 하루종일 푼 문제집을 덮으며 곱씹어 봅니다. 진도보다는 진전이라는 것을 잊지 말고 걱정 없이 앞으로 쭉쭉 나아갑시다.

오늘의 기본
Lifemind classic book

초판 1쇄 발행	2024년 1월 29일
초판 5쇄 발행	2025년 6월 13일

지은이	소 원
디자인	소 원
펴낸곳	Neap

Instagram	@neap.lifemind
E-mail	thdnjs2804@naver.com
ISBN	979-11-986388-0-9(02810)

ⓒ 소 원, Neap, 2024
printed in Seoul, Korea

본 도서의 본문은 '을유1945' 서체로 쓰였습니다.